Disneys

Noch mehr **ART ATTACK**

DK

DORLING KINDERSLEY
London, New York, München, Melbourne, Delhi

Dorling Kindersley

London, New York, München, Melbourne, Delhi

Bildbetreuung Cheryl Telfer
Einzelwerke Vanessa Hamilton
Redaktion Lee Simmons
Lektorat Sue Peach

Modelle Jim Copley
Fotos Gary Ombler

Bildredaktion Marcus James
Cheflektorat Jane Yorke
Herstellung Charlotte Traill
DTP-Design Almudena Díaz

Die Deutsche Bibliothek – CIP-Einheitsaufnahme

Ein Titeldatensatz für diese Publikation ist bei
Der Deutschen Bibliothek erhältlich.

Titel der englischen Originalausgabe:
Art Attack – Great Things to Make from Rubbish

© Dorling Kindersley Limited, London, 1998
Ein Unternehmen der Penguin-Gruppe

© der deutschsprachigen Ausgabe by Dorling Kindersley Verlag GmbH,
München, 2002
Alle Rechte vorbehalten

Übersetzung Wiebke Krabbe
Redaktion Beate Bücheleres-Rieppel

ISBN 3-8310-0341-6

Printed and bound in Italy by L.E.G.O.

Besuchen Sie uns im Internet
www.dk.com
www.disney.de/artattack

INHALT

EINFÜHRUNG   4–5

GRUSELBÜGEL   6–7
SPAR-DINOS   8–9

ANTIKE MASKE   10–11

FANTASIESCHLOSS   12–13
TRAUMSCHLÖSSER   14–15

SCHLANGENHAKEN   16–17
HOSEN-SCHÜSSEL   18–19

NUDELRAHMEN   20–21
BILDER-MOBILES   22–23

SCHRUMPFIES   24-25
AHNENGALERIE   26-27

FRECHE FRATZEN   28-29

MAGNETRAHMEN   30-31
SCHÜSSELKÖPFE   32-33

3-D-BILDER   34-35

FIESE FISCHE   36-37
UNTERWASSERWELT   38-39

RIESENSTIFT   40-41
EHRENPOKAL   42-43

SCHMUCKSTÜCKE   44-45
BECHERBIESTER   46-47

MÜLLMONSTER   48-49
GROSSMAUL   50-51

GLANZSCHILDER   52-53

KROKO-BUTLER   54-55
STIFTE-RAKETE   56-57

BÜCHERGESELLE   58-59
REGALKOLLEGEN   60-61

TIPPS & TRICKS   62-63
REGISTER   64

EINFÜHRUNG

Hallo und herzlich willkommen bei Art Attack – einem Buch voller Abfall! Genauer gesagt, einem Buch voll fantastischer Ideen zum Basteln mit Sachen, die zu Hause keiner mehr braucht. Probier es aus und du wirst gar nicht mehr aufhören können. Und man muss wirklich kein Künstler sein, um bei der Herstellung der witzigen Gegenstände großen Spaß zu haben! Viel Erfolg!

Nudeln

Pappröhren

Krepppapier

Styropor-becher

Geschenk-papier

Bindfaden

Draht

Pinsel

Marker ★

Küchen-rolle

Leimmischung
Für viele Projekte in diesem Buch brauchst du eine beson-dere Leimmischung. Nimm dafür etwas Wasser und doppelt so viel Bastelleim.

Zwei Teile Bastelleim

Ein Teil Wasser

Fertige Leimmischung

★ *Öffne das Fenster, wenn du mit Markern arbeitest.*

Klebeband

Pappe

Flitter

Luftballons

Kluger Kopf
Achte auf diesen Kopf. Er taucht immer wieder auf und verrät dir viele nützliche Tipps zu deinen Bastelarbeiten.

Wellpappe

Buntstifte

Toiletten-papier

Farbige Pappe

Plastiktüten

Marker in Gold und Silber

Watte

Plaka-farben

Zeitung

Acryl-farben

Kunst aus Müll
Sammle das, was andere wegwerfen: Gebrauchtes Geschenkpapier, alte Zeitungen und Kartons sind tolles Bastelmaterial.

GRUSELBÜGEL

Nervt es dich, wenn andere deinen Kleiderschrank aufräumen oder sich ohne zu fragen Sachen ausleihen? Verjage sie mit diesen Bügeln!

Monster aus Pappe

Material

Pappe

Zeitung

Farbe

Schnur

Leim-mischung

Toiletten-papier

Klebe-band

Kleider-bügel

Pinsel

Marker

Schere

1 Zeichne einen lebensgroßen Monsterkopf mit langem Hals auf ein Stück Pappe. Schneide den Umriss aus.

Drücke das Papier gut aus.

Das Toiletten-papier löst sich in der Leim-mischung auf.

2 Tauche Toilettenpapier in die Leimmischung und modelliere damit die Gesichtszüge.

Wenn der Leim auf dem Toilettenpapier trocken ist, wird die Schicht ganz hart.

3 Bedecke Vorder- und Rückseite des Kopfes mit einer Schicht Toiletten-papier und streiche Leimmischung darauf. Gut trocknen lassen.

Male auch die Einzelheiten der Gesichtszüge auf.

4 Zum Schluss malst du den Monsterkopf in bunten Farben an. Er soll richtig schrecklich und gruselig aussehen!

Frankenstein im Schrank

Fertig angezogen wird dieser Gruselbügel jeden erschrecken, der sich an deinen Schrank wagt.

Umwickele die Schraube im Hals mit Aluminiumfolie – das sieht echt aus!

Der letzte Schliff

Klebe den Monsterkopf an einen Kleiderbügel. Binde Schnüre an den Bügel und befestige daran je eine Hand. Zieh einen Pulli über den Bügel und hole die Hände aus den Ärmeln.

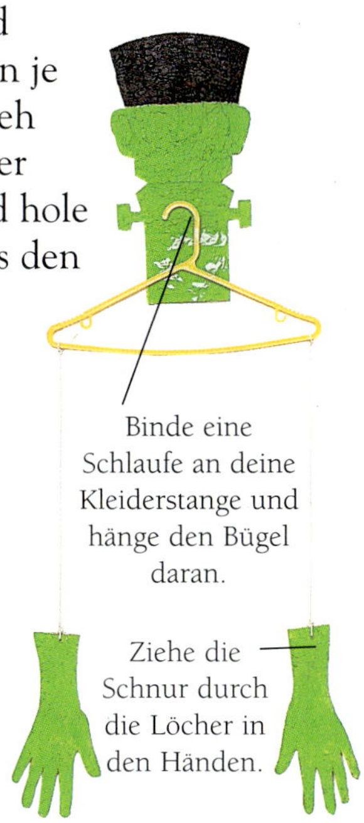

Binde eine Schlaufe an deine Kleiderstange und hänge den Bügel daran.

Ziehe die Schnur durch die Löcher in den Händen.

Klapperjochen

Probiere noch andere Gruselgestalten aus. Wie wäre es mit einem Skelett ganz in Schwarz und Weiß?

Horror-Hände

1 Zeichne den Umriss deiner Hände auf einem Stück Pappe nach.

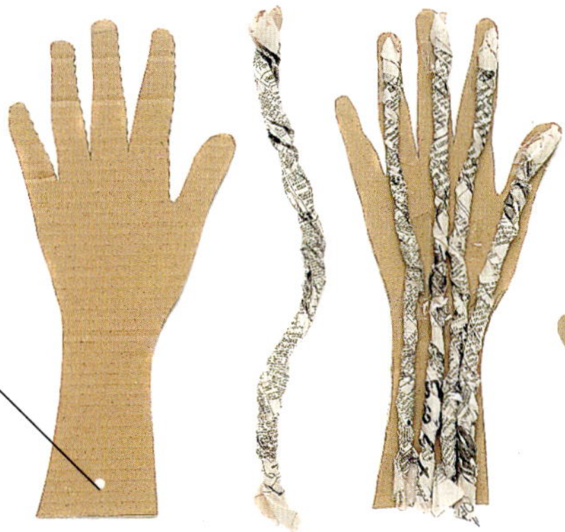

Stich an beiden Händen unten vorsichtig ein Loch.

Male die Papierstreifen weiß an, damit sie wie Knochen aussehen.

2 Klebe entlang der Finger lange, gedrehte Würste aus Zeitungspapier auf. Gut trocknen lassen.

3 Bedecke beide Seiten der Hände mit Toilettenpapier und Leimmischung. Trocknen lassen und passend zum Gesicht anmalen.

SPAR-DINOS

Wer braucht ein langweiliges Sparschwein, wenn man auch einen Dinosaurier als Taschengeld-Wächter haben kann? Da fällt das Sparen leichter!

Luftballon wird Spardose

Material

2 kurze Pappröhren

Papierreste

Stecknadel

Toilettenpapier

Klebeband

Bastelleim

Leimmischung

Luftballon

Farbe

Ballonpumpe

Schere

Pinsel

Marker

Puste den Luftballon mit der Pumpe auf.

Stelle die Röhren so auf, dann wickle Klebeband um alle vier.

Dieses Rechteck wird der Geldschlitz.

1 Puste einen kleinen, runden Luftballon auf und knote ihn zu. Schneide zwei Pappröhren quer durch und klebe die vier Röhren mit Klebeband zusammen.

2 Klebe den Ballon auf die vier Pappröhren. Zeichne mit einem Marker ein schmales Rechteck (etwa 1 cm x 4 cm) oben auf den Ballon.

Der Papierhals sollte ungefähr so lang sein wie der Ballon.

Biege den Saurierschwanz nach unten.

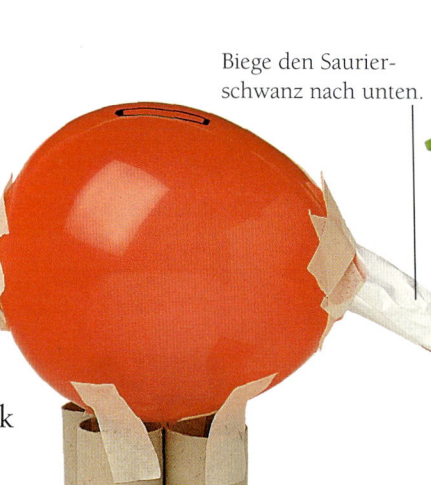

3 Rolle ein Stück Papier zusammen und biege es leicht nach oben. Das wird der Hals des Dinosauriers. Klebe ihn vorn an den Ballon. Forme ein zweites Stück Papier und klebe es als Schwanz an die andere Seite des Ballons.

Bemale die Bauchseite des Sauriers mit einem helleren Farbton.

Den Geldschlitz nicht zukleben!

Klebe für die Augen zwei kleine Papierkugeln auf den Kopf.

4 Umwickle Körper, Hals und Schwanz mit Toilettenpapier, dann bestreiche alles mit der Leimmischung. Bedecke den Saurier mit drei oder vier solcher Schichten. Der Schlitz bleibt dabei frei. Lass alles über Nacht trocknen.

5 Nach dem Trocknen wird der Saurier angemalt. Wenn die Farbe trocken ist, bestreiche ihn mit Bastelleim, damit er schön glänzt. Dann stich eine Nadel in den Geldschlitz, sodass der Ballon platzt.

Artattackosaurus
Du kannst den Saurier in jeder beliebigen Farbe anmalen. Ein Artattackosaurus kann auch Zacken oder Tupfen haben.

Der kurze Schwanz besteht aus einer dicken Zeitungspapierrolle.

Diese Zacken sind aus Pappdreiecken gemacht.

Male die Augen weiß und die Pupillen in der Mitte schwarz.

Male Zähne und Zehen weiß. Nimm für die Umrisse einen schwarzen Marker.

Geld abheben
Schiebe ein breites Messer in den Geldschlitz und stelle den Saurier auf den Kopf. Dann rutschen die Münzen auf dem Messer heraus.

ANTIKE MASKE

Du brauchst keine alten Ruinen auszugraben, um Deine antike Maske zu finden. Nimm einfach einen Pappkarton und mach sie dir selbst.

Maske aus Karton

Material

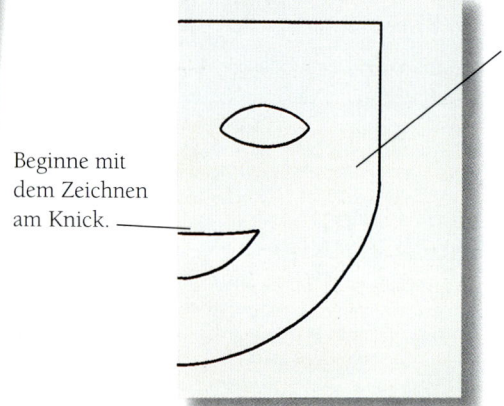

Das Schild soll mindestens 25 cm hoch sein.

Beginne mit dem Zeichnen am Knick.

Pappkarton

Seidenpapier · **Papier** · **Farbe**

Schere · **Klebeband**

Leimmischung · **Toilettenpapier**

Pinsel

Marker

1 Falte ein Blatt Papier in der Mitte mit dem Knick nach links. Zeichne ein halbes Schild mit einem Auge und halbem Mund darauf.

2 Schneide zuerst vorsichtig Mund und Auge aus, dann das ganze Schild. Jetzt hast du eine Schablone.

Verbinde die beiden oberen Ecken der Maske mit einer Linie.

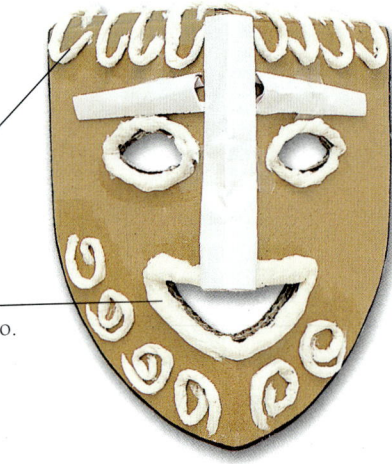

Rolle Locken aus Toilettenpapier und klebe sie mit Leim an.

Modelliere Mund und Augen genauso.

3 Klebe deine Schablone auf die Ecke eines Pappkartons. Zeichne den Umriss nach, dann die Aussparungen für Mund und Augen.

4 Nimm die Schablone ab und schneide die Maske aus der Kartonecke aus, dann Augen und Mund. Knicke Papier für Nase und Augenbrauen und klebe es fest.

5 Lege kleine Stücke farbiges Seidenpapier auf die Maske und bestreiche sie mit Leimmischung. Bedecke so beide Seiten der Maske. Auch die Ecken müssen beklebt sein.

6 Lass die Maske über Nacht trocknen. Forme eine Kugel aus Toilettenpapier und tupfe gelbe oder goldene Farbe auf die Maske. Aber drücke die Farbe nicht in die Rillen. Trocknen lassen.

Maskenmuseum

Hänge die fertige Maske als Dekoration an die Wand. Du kannst auch mehrere verschiedene Masken basteln und dein Zimmer in ein Maskenmuseum verwandeln.

Hänge die Maske an einem Haken oder Nagel auf.

Verziere die Maske mit schwarzem Seidenpapier und Silberfarbe.

Wilder Wikinger

Für eine Wikinger-Maske zeichnest du eine Papierschablone mit einem spitzen Kinn. Der Helm besteht aus zerknülltem Zeitungspapier.

Die Metallicfarbe sieht rissig und antik aus

Der lächelnde Mund macht diese Maske freundlicher.

11

FANTASIESCHLOSS

Hast du schon einmal davon geträumt, ein Schloss ganz für dich allein zu haben? Bau dir doch eins – es ist gar nicht schwierig.

Schloss aus Röhren

Material

Papier und Zeitungen

Lange und kurze Pappröhren

Klebeband   Plastik-becher   Farbe

Toiletten-papier   Flitter   Leim-mischung

Schere

Pinsel

Marker

Sei beim Abschneiden des Bodens mit der Schere ganz vorsichtig.

1 Klebe einen Plastikbecher kopfüber auf ein Stück Papier. Schneide den Boden des Bechers ab, schiebe eine lange Pappröhre hinein und befestige sie.

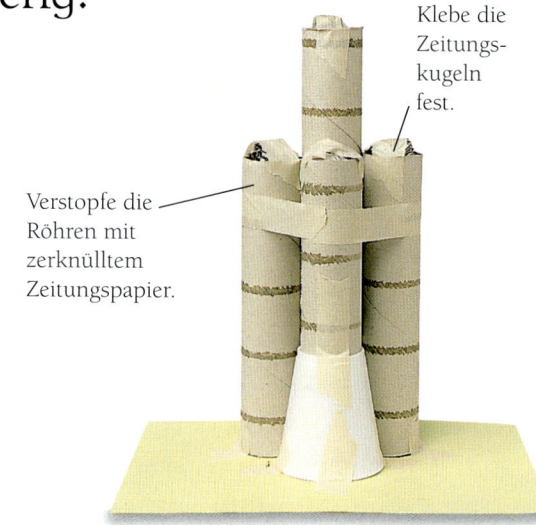

Klebe die Zeitungskugeln fest.

Verstopfe die Röhren mit zerknülltem Zeitungspapier.

2 Stelle zwei lange Pappröhren seitlich hinter den Becher und halte eine dritte etwas erhöht dahinter. Umwickle alles mit Klebeband.

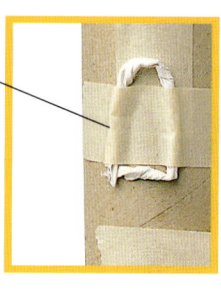

Die Fenster sind unten gerade und oben bogenförmig.

5 Setze auf jede der kurzen Pappröhren eine Spitztüte und klebe sie vorsichtig fest. Das sind die Dächer der Türme. Das viele Klebeband sieht unordentlich aus, aber es wird später noch mit Papier verdeckt.

6 Drehe jetzt aus kleinen Papierstreifen lange, dünne Würste. Biege sie zu Bögen und Kreisen. Dann befestige sie mit Klebestreifen als Fenster und Türen an deinem Schloss.

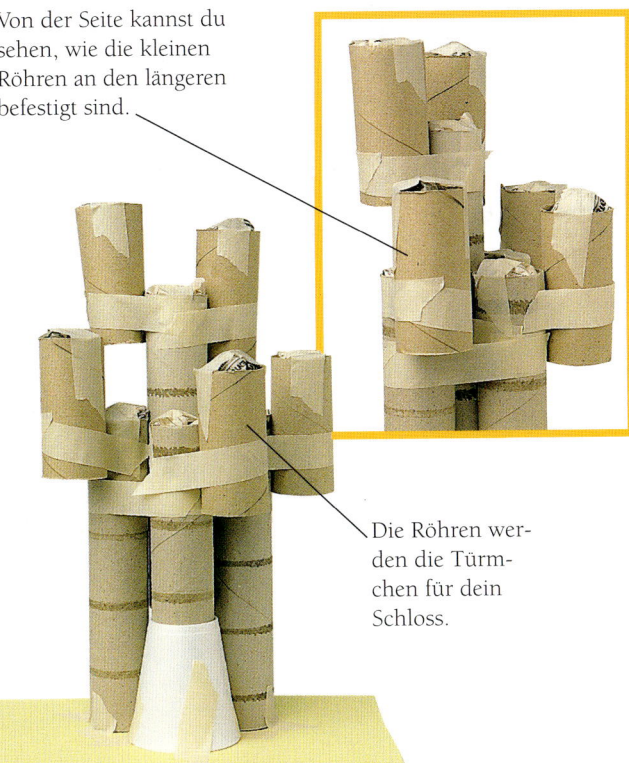

Von der Seite kannst du sehen, wie die kleinen Röhren an den längeren befestigt sind.

Die Röhren werden die Türmchen für dein Schloss.

Schneide die Tüten ab, sodass sie ungefähr so lang wie die kurzen Pappröhren sind. Die Öffnung soll gerade auf die Röhren passen.

3 Klebe an einer Seite der vorderen Röhre eine kurze Pappröhre fest. An jeder der seitlichen langen Röhren befestigst du je eine und an der hinteren je zwei kurze Pappröhren, so wie oben im Bild.

4 Rolle ein Stück Papier von einer Ecke her auf, sodass eine spitze Tüte entsteht. Klebe die Papierkante gut fest, damit die Tüte sich nicht öffnet. Du brauchst mehrere solcher Spitztüten.

Wenn Toilettenpapier und Leim trocknen, werden sie hart. Dann sieht das Schloss aus, als sei es aus Stein.

7 Bedecke das ganze Schloss nach und nach mit Toilettenpapier und streiche Leimmischung darüber. Trage mindestes drei solcher Schichten auf. Dann lass alles über Nacht austrocknen.

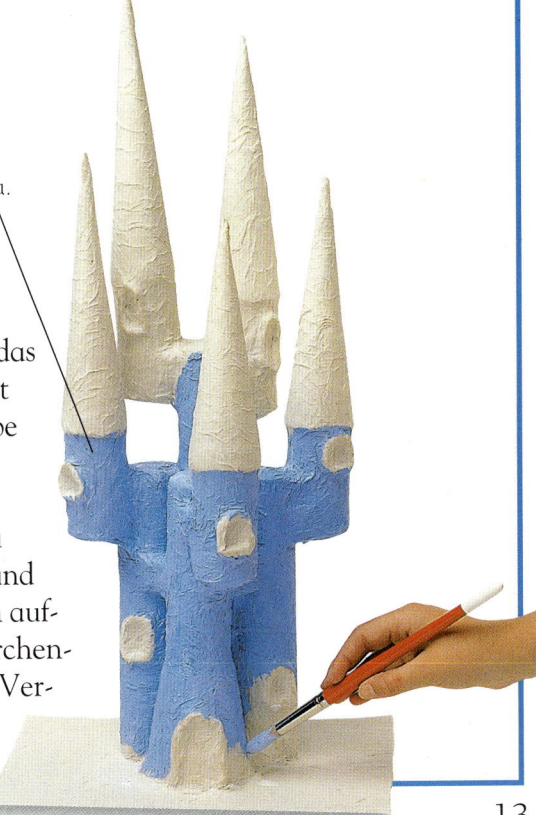

Um hellere Farben zu mischen, gib Weiß dazu.

8 Nun wird das Schloss mit heller Farbe grundiert. Wenn sie trocken ist, kannst du mit anderen Farben und Markern Einzelheiten aufmalen. Zu einem Märchenschloss wird es durch Verzierungen aus Flitter.

TRAUMSCHLÖSSER

Dein Traumschloss kannst du so verzieren, wie es dir gefällt. Hier sind ein paar Vorschläge, aber du hast bestimmt auch eigene Ideen.

Die dunkelblauen Steine sind mit schwarzem Marker umrahmt. So sieht man sie besser.

Zeichne auf die weißen Fenster schwarze Kreuze.

Die Dächer des Märchenschlosses kannst du mit Leim bestreichen und dann mit goldenem Flitter bestreuen.

Zeichne Dachziegel auf die Türmchen und Steine um die Fenster – das sieht besonders echt aus.

Spukschloss
Dieses kleine Gruselschloss besteht aus einer langen und drei kurzen Röhren. Die gelben Fenster leuchten hell in den dunkelblauen Mauern.

Mit solchen Zinnen sieht das Schloss wie eine Festung aus.

Märchenschloss

Und wer soll in deinem Märchenschloss wohnen? Ein Schlossgraben, eine Zugbrücke und ein silbernes Fallgitter am Tor sorgen dafür, dass unerwünschte Besucher ganz sicher draußen bleiben.

Ein Weg aus grauem Kopfsteinpflaster führt zu der dunklen Tür mit silbernen Metallscharnieren.

Lege das Schloss auf die Seite und streue den Flitter auf, solange der Leim noch feucht ist.

Flitter-Tipp

Lege das Schloss auf einen großen Bogen Papier, auf dem sich herabfallender Flitter sammelt. Rolle das Papier zusammen und schütte den Flitter wieder in die Dose.

Auf die grüne Wiese am Fuß des Schlosses wurde ein Burggraben gemalt.

SCHLANGENHAKEN

Liegt in deinem Zimmer auch so viel herum? Und weißt du nie, wo du Taschen oder Jacken aufhängen sollst? Dann brauchst du solche Haken!

Schlange aus Pappe

Material

Wellkarton   Zeitung

Klebeband   Küchenrolle

Becher

Farbe   Leimmischung

Schere

Pinsel

Marker

Fang rechts an und zeichne einen Dreiviertelkreis um den Becher.

Schiebe den Becher ans untere Ende der Linie und zeichne in der anderen Richtung um ihn herum.

1 Lege den Karton so hin, dass die Wellen von oben nach unten verlaufen. Nimm den Becher zu Hilfe, um eine große S-Form zu zeichnen.

2 Eine breite Schlange bekommst du, indem du die S-Linie rundherum mit einer neuen Linie umfährst. Die Schlange sollte mindestens 3 cm breit sein.

Falte für den Kopf das Ende des Zeitungsstreifens nach hinten und klebe es fest.

Klebe für die Augen kleine Papierkugeln an die Seiten des Kopfes.

3 Schneide die Schlange aus. Dann zerknülle einen Bogen Zeitungspapier der Länge nach. Fang an einem Ende an und befestige den Zeitungsstreifen mit Klebeband auf der Schlange.

4 Klebe einen zweiten geknüllten Zeitungsstreifen auf der Rückseite der Schlange fest. Lege ihn am Kopfende auf beiden Seiten doppelt. Rolle zwei Kugeln aus Zeitungspapier und klebe sie als Augen auf.

5 Umwickle die Schlange mit Streifen von Küchenpapier und streiche Leimmischung darüber. Die Schlange soll mit drei Schichten Papier bedeckt sein, sodass man das Zeitungspapier nicht mehr sieht.

6 Lass alles über Nacht trocknen. Dann zeichne mit einem Marker Augen, Maul, Nase und ein Schlangenmuster auf. Zum Schluss wird die Schlange bunt angemalt.

Schaukelschlange

Den fertigen Schlangenhaken kannst du überall aufhängen: im Kleiderschrank, an der Innenseite einer Tür oder an einem Regal. Dann hänge Kleidungsstücke, Taschen oder Turnschuhe daran auf.

Mit den halb geschlossenen Augen und den spitzen Zähnen sieht die Schlange gefährlich aus.

Male Zickzackmuster, Rauten, Streifen oder Tupfen auf.

Augen und Zähne werden weiß angemalt.

Starke Schlange!

Damit die Schlange wirklich stabil wird und einiges an Gewicht aushält, müssen die Wellen des Kartons von oben nach unten verlaufen. Drehe den Bogen so, dass eine wellige Kante oben liegt.

Müde Schlange

Diese Schlange sieht mächtig verschlafen aus. Wenn du statt des Bechers einen Teller zum Vorzeichnen nimmst, bekommst du eine Riesenschlange.

17

HOSEN-SCHÜSSEL

Brauchst du ein tolles Geschenk für jemanden, der viel aufzubewahren hat? Dann bastle doch so eine Hosen-Schüssel!

Luftballon wird Schüssel

Material

Ballonpumpe — Zeitung

Klebeband — Leimmischung

Farbe — Luftballon

Stecknadel — Schere

Pinsel

Marker — Styroporbecher

Bedecke den oberen Teil des Ballons mit Leim und Zeitungspapier.

Stell den Ballon beim Bekleben in einen Blumentopf, damit er nicht wegrutscht.

Wenn du abwechselnd Papier von Zeitungen und Zeitschriften nimmst, kannst du besser sehen, wie viele Schichten schon fertig sind.

1 Pumpe den Ballon auf. Bestreiche ihn mit Leimmischung und beklebe ihn mit kleinen Stücken aus Zeitungspapier.

2 Der Ballon soll zu zwei Dritteln mit vier Schichten Papier und Leim bedeckt sein. Dann muss alles über Nacht trocknen.

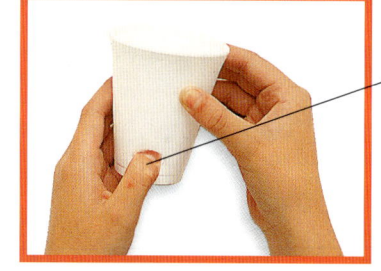

Styroporbecher kann man mit dem Daumen eindrücken. Dann lässt sich der Boden leicht abreißen.

Bitte einen Helfer, die Schale zu halten, während du die Beine anklebst.

3 Wenn die Umhüllung trocken ist, zerstich den Ballon mit der Nadel. Schneide die Kanten der Schüssel gerade. Dann nimm zwei Styroporbecher und entferne die Böden.

4 Drehe die Becher auf den Kopf und stelle sie nebeneinander. Setze die Schüssel darauf und befestige sie mit Klebestreifen, sodass die Becher wie Beine aussehen.

Schüssel auf Beinen

In so einer witzigen Schüssel kann man fast alles aufbewahren: Schmuck, Süßigkeiten, Trockenblumen, Stifte oder anderes Bastelmaterial.

Vergiss nicht, auch die Innenseite anzumalen.

Male die Schnalle mit einem goldenen oder silbernen Marker auf.

Male einen Flicken, der mit großen Stichen festgenäht ist.

Blue Jeans

Wie wäre es mit einer Schüssel in Jeansblau? Taschen, Nieten und Ziernähte werden mit dünnen Markern aufgemalt. Dazu passt ein brauner Gürtel.

5 Beklebe die Becher mit vier Schichten Zeitungspapier. Klebe am Bauch und an den Becherrändern Extraschichten für den Gürtel und die Hosenaufschläge auf.

6 Über Nacht trocknen lassen. Male dann zuerst die breiten Streifen auf. Wenn die Farbe trocken ist, kannst du mit Markern Details aufzeichnen. Zum Schluss alles mit Bastelleim überziehen.

NUDELRAHMEN

Möchtest du, dass jemand immer an dich denkt? Dann findest du hier eine prima Geschenkidee.

Rahmen aus Nudeln

Material

Pappe und farbiges Papier

Nudeln Farbe Klebestift

Bastelleim Foto

Schere

Lineal

Pinsel

Marker

Bleistift

Zeichne das äußere Rechteck zuerst mit Punkten an.

1 Schneide aus dem farbigen Papier ein Rechteck aus, das rundherum mindestens 3 cm größer ist als dein Foto. Klebe das Foto in die Mitte. Dann lege das Papier auf ein Stück Wellpappe und übertrage mit dem Bleistift den Umriss.

2 Zeichne mit dem Marker eine Linie 2 cm innerhalb der Bleistiftlinie. Lege eine Nudel an diese Linie und markiere an mehreren Stellen, wie breit sie ist. Ziehe durch die Punkte eine weitere Linie.

Innenrand des Rahmens

Außenrand des Rahmens

Der Leim darf ruhig zwischen den Nudeln sichtbar sein.

3 Die beiden mit Marker aufgezeichneten Rechtecke bilden den inneren und äußeren Rand des Rahmens. Schneide zuerst die äußere, dann die innere Rahmenlinie aus.

4 Bestreiche die Vorderseite des Rahmens dick mit Bastelleim. Dann lege die Nudeln in einem hübschen Muster auf den Rahmen und drücke sie fest in den Leim. Lass alles über Nacht trocknen.

Ungewöhnliche Rahmen

Nudelrahmen können ganz unter-
schiedlich aussehen. Es gibt Nudeln in
vielen verschiedenen Formen und du
kannst sie in jeder Farbe anmalen.
Wie edel Gold- und Silberrahmen
wirken, kannst du hier sehen.

Vielleicht klebst du ver-
schiedene Nudeln
abwechselnd auf?

Eingerahmt!

Ein Rahmen muss nicht rechteckig sein. Du kannst
quadratische, runde oder ovale Rahmen oder auch
ganz andere Formen basteln. So ein runder Rahmen
ist besonders schön für eine Porträtaufnahme.

Du kannst Fotos einrahmen, aber
auch selbst gemalte Bilder oder
Bilder aus Zeitschriften, die dir
gefallen.

Wähle für den Hinter-
grund Papier in einer
schönen Farbe.

Wenn der Leim tro-
cken ist, glänzt er.

5 Jetzt male den
Rahmen an. Lass
dabei keine Ecken
und Winkel
aus. Ist
die Farbe trocken,
bestreiche den Rah-
men mit Bastel-
leim und lass ihn
wieder trocknen.

Pass auf, dass das Bild
genau in der Mitte des
Rahmens sitzt.

6 Bestreiche
den äußeren
Rand des
farbigen
Papiers mit
Leim und drücke den
Rahmen fest darauf.
Der fertige Rahmen
muss noch ein letztes
Mal trocknen.

21

BILDER-MOBILES

Solche Bilder-Mobiles sehen klasse aus! Sie sind ganz einfach und es gibt unendlich viele Motive.

Mobile aus Pappe

Material

Nadel

Pappe

Klebestift

Garn

Farbe

Klebe-band

Schere

Pinsel

Marker

Durch die aufgeklebten kleinen Teile sehen die Formen dreidimensional aus.

Schneide für die Mitte der Sonne zwei Kreise aus.

1 Zeichne auf ein Stück feste Pappe eine Sonne, einen Regenbogen, einen Ballon und zwei Wolken und schneide die Formen aus.

2 Zeichne alle Formen noch einmal, aber kleiner. Diesmal brauchst du von jeder Form zwei. Klebe sie auf Vorder- und Rückseite der großen Teile.

Male die Wolken weiß und grau an.

Stich mit der Nadel je 1 cm vom oberen und unteren Rand ein Loch in die Teile. Dort wird der Faden durchgefädelt.

3 Wenn der Klebstoff trocken ist, male die Formen bunt an. Bemale zuerst jeweils eine Seite, lass die Farbe trocknen und bemale dann auch die andere Seite.

4 Ziehe durch jedes der unteren Löcher einen Faden. Überlege dir, in welcher Reihenfolge die Teile hängen sollen, dann binde sie in Abständen von 5 cm aneinander.

Wetter-Mobile

Jetzt muss das fertige Wetter-Mobile nur noch aufgehängt werden.

Mit einen Lächeln sieht die Sonne besonders lustig aus.

Knote ganz oben eine Schlaufe zum Aufhängen in den Faden.

Du kannst so viele Formen anhängen, wie du möchtest.

Mit Augen aus Pappe wirkt der Tintenfisch lebendiger.

Schneide grüne Erdteile aus und klebe sie auf den blauen Planeten.

Ziehe die Linien in Schwarz nach, um die Formen zu betonen.

Diese Lücken werden nicht ausgeschnitten, sondern weiß angemalt.

Nimm für Schatten auf der Unterseite der Wolken dunklere Farben.

Unterwasserwesen

Das Thema für dein Mobile kannst du selbst bestimmen. Solche Meerestiere sehen zum Beispiel im Badezimmer toll aus.

Weltraumreise

Wenn du dich für das All interessierst, mach doch ein Weltraum-Mobile mit einem freundlichen Alien.

23

SCHRUMPFIES

So ein Schrumpfkopf im Rahmen ist eine verrückte Idee und fällt garantiert auf.

Köpfe aus Luftballons

Material

Kleine Schachtel — Dünne Pappe

Geschenkpapier

Klebeband — Kleine Papprohre — Bastelleim

Farbe — Luftballon — Ballonpumpe

Schere

Lineal

Marker

Gold-Marker

Bleistift

Pinsel

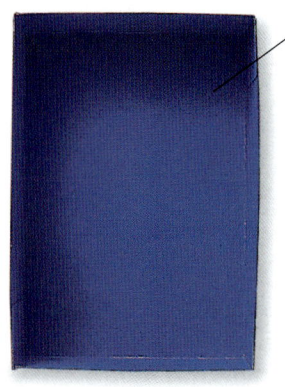

Eine Pralinenschachtel oder ein anderer flacher Karton ist für diese Bastelei genau richtig.

Beklebe die Innenwand des Kartons mit Geschenkpapier.

1 Nimm eine flache Schachtel und schneide die Vorderseite ab. Bemale den ganzen Karton von innen und außen mit Plaka- oder Acrylfarben.

2 Schneide ein Stück Geschenkpapier in der Größe der Schachtel zurecht und klebe es auf die Innenseite.

Das Gesicht wird mit einem Marker aufgemalt.

5 Schneide das innere Rechteck und die Außenkante des Rahmens aus. Drehe den Rahmen um und verziere ihn mit Filzstiften oder einem Gold-Marker.

6 Pumpe einen Luftballon auf, aber knote ihn nicht zu. Bitte einen Helfer, den Ballon festzuhalten, während du ein witziges Gesicht aufmalst.

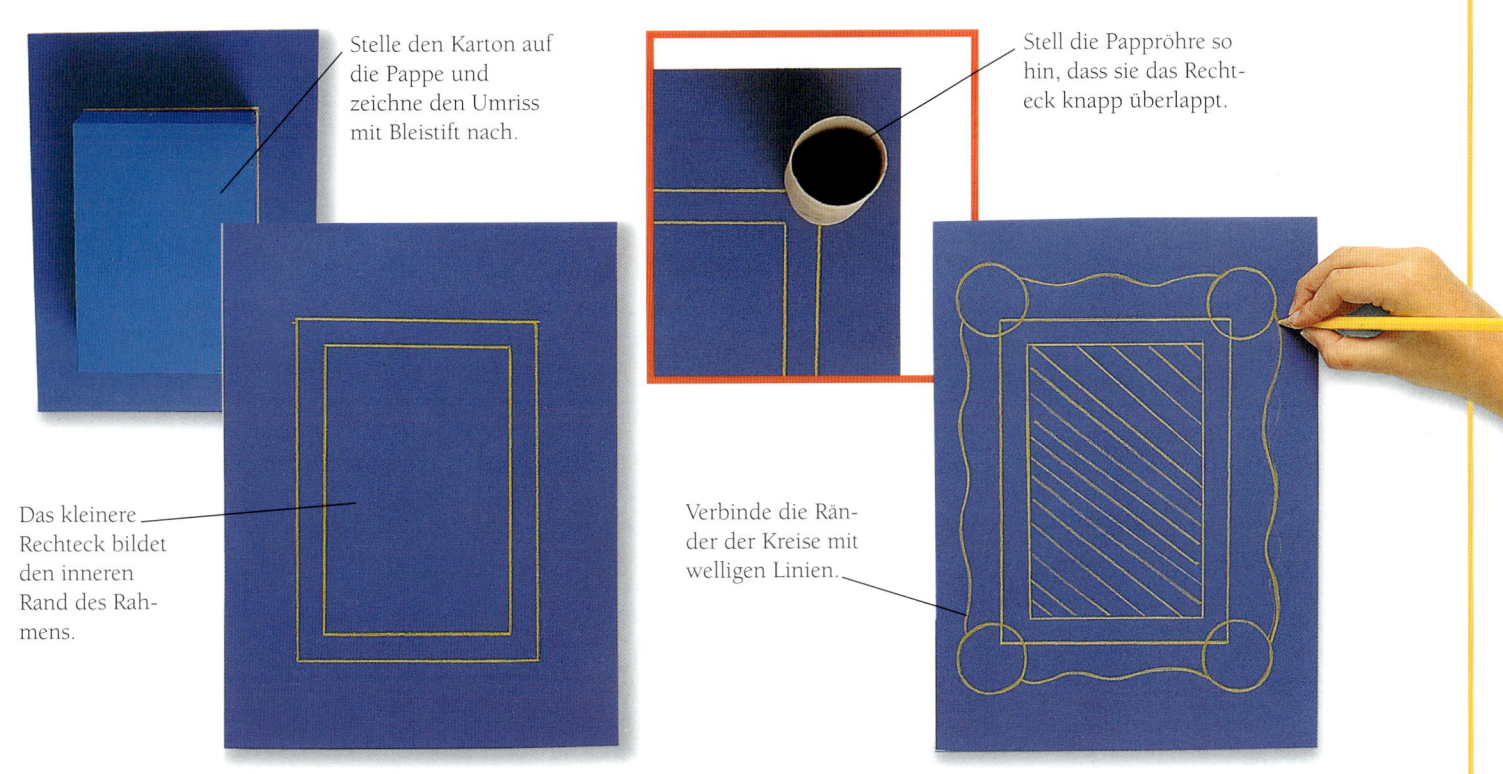

Stelle den Karton auf die Pappe und zeichne den Umriss mit Bleistift nach.

Stell die Pappröhre so hin, dass sie das Rechteck knapp überlappt.

Das kleinere Rechteck bildet den inneren Rand des Rahmens.

Verbinde die Ränder der Kreise mit welligen Linien.

3 Für den Rahmen stellst du die Schachtel auf ein Stück dünne, farbige Pappe und zeichnest den Umriss nach. In diesen Umriss zeichnest du mit dem Lineal noch ein um 1 cm kleineres Rechteck.

4 Stelle die Pappröhre in eine Ecke des Rahmens und zeichne um sie herum. Wiederhole dies in den anderen drei Ecken. Verbinde die vier Kreise mit Wellenlinien. Das ist die Außenkante des Rahmens.

Lass Luft aus dem Ballon, bis er etwa so groß ist wie deine Faust. Dann verknote ihn.

7 Lass so viel Luft aus dem Ballon, dass er gut in die Schachtel passt. Stich in den Boden der Schachtel mit dem Bleistift ein Loch (siehe Seite 62-63).

8 Ziehe nun den Knoten des Ballons durch das Loch im Boden. Der Ballon sollte sich gut in die Größe der Schachtel einpassen.

AHNENGALERIE

Hier ist eine Galerie von Schrumpfköpfen mit verschiedenen Gesichtern. Wenn sie älter werden und weiter schrumpfen, sehen sie noch witziger aus.

Lachender Mann

Klebe den Rahmen auf die Schachtel – fertig ist dein Schrumpfkopf. Hänge ihn doch in deinem Zimmer auf, um deine Freunde zu beeindrucken!

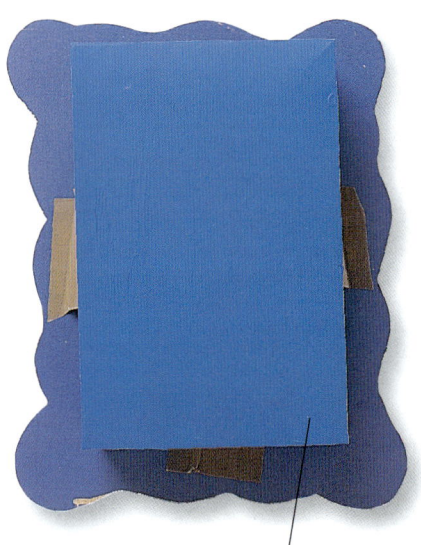

Lege den Rahmen kopfüber hin, stelle die Schachtel auf den vorgezeichneten Umriss und befestige sie mit Klebeband.

Male die Zähne weiß an und setze auch in die Augen weiße Lichtpunkte.

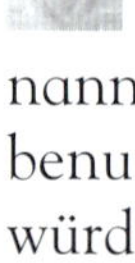

Marker-Tipp

Für die Schrumpfköpfe musst du einen so genannten Permanent-Marker benutzen. Normaler Filzstift würde auf den Ballons verschmieren.

Verziere den Rahmen mit Schnörkeln und Mustern.

Eine goldene Linie mit kleinen Zähnchen ist eine hübsche Kante.

Male die Einzelheiten im oberen Teil mit einem schwarzen Marker auf.

Bühne frei für Dracula

Dieser Rahmen besteht aus vier Einzelteilen. Für den Vorhang nimmst du rote Pappe, für Ober- und Unterteil der Bühne goldene.

Die Streifen sind aus Goldpappe.

Die schwarzen Linien auf dem Vorhang zeigen, wie die Falten fallen.

Klebe zuerst die beiden Vorhänge auf. Dann setze Ober- und Unterteil der Bühne darauf.

Ballon-Tipp

Nimm einen Ballon, dessen Farbe zu deinem Thema passt. Für eine Katze eignet sich ein orangefarbener Ballon und aus einem weißen Ballon machst du mit schwarzen Tupfen einen Dalmatiner.

Durch die weißen Reflexe sehen die Fenster aus wie echtes Glas.

Besuch aus dem All

Diesen Rahmen musst du in der Form eines Raumschiffs zuschneiden. Das Gesicht des Alien wird mit schwarzem Permanent-Marker auf einen silbernen Ballon gemalt. Für die grüne Nase nimmst du Acrylfarbe.

Dieser Schrumpfkopf hängt von der Decke einer quadratischen Schachtel herab.

27

FRECHE FRATZEN

Zu einer gelungenen Party gehören auch pfiffige Dekorationen. Wie wäre es mit diesen lustigen Partygästen? Über solche Gesichter muss jeder lachen.

Dekoration aus Zeitungspapier

Material

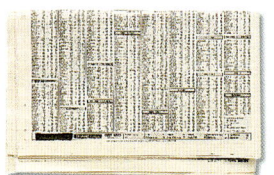

Zeitung

Krepppapier

Bindfaden

Farbe

Tacker

Schere

Pinsel

Marker

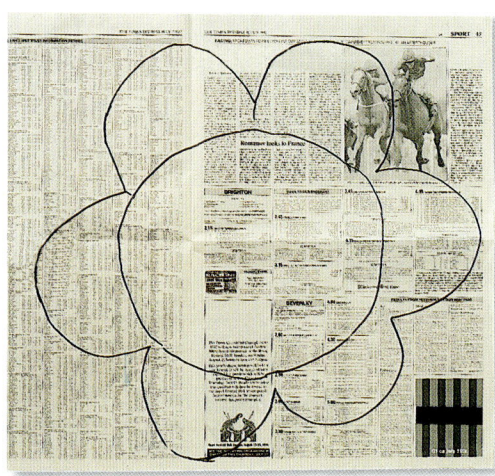

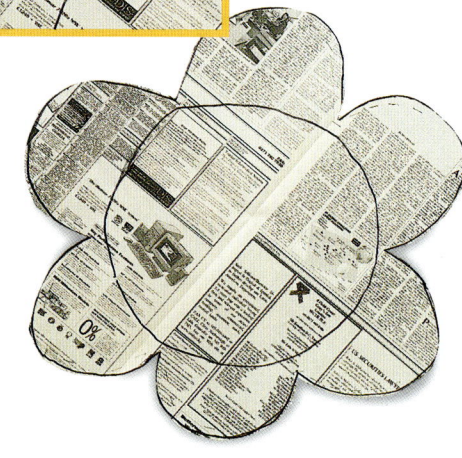

Tackere auch eine Klammer an die Einschnitte zwischen den Blütenblättern, weil es hier leicht einreißt.

1 Lege zwei Bögen Zeitungspapier flach aufeinander und zeichne mit dem Marker eine große Blume darauf. Halte beide Lagen fest und schneide den Umriss aus.

2 Hefte mit dem Tacker die Ränder der beiden Lagen zusammen. Lass eine Lücke offen, die groß genug für deine Hand ist.

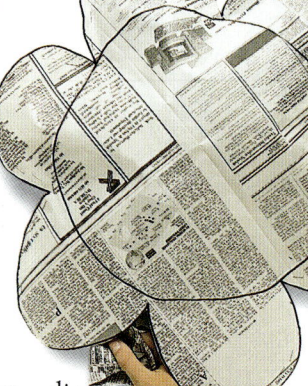

Vorsicht: die Blume darf beim Ausstopfen nicht einreißen!

Male die Blüte leuchtend gelb mit orangeroter Mitte.

3 Stopfe die Blume mit Streifen aus Zeitungspapier voll. Fülle zuerst die Blütenblätter. Aber nimm nicht zuviel Papier – die Blume soll aussehen wie ein weiches Kissen. Dann tackere die Öffnung zu.

4 Jetzt wird die Blume angemalt. Am besten eignen sich Acrylfarben, die einen schönen matten Glanz haben. Du kannst aber auch Plakafarbe benutzen.

Setze weiße Lichtpunkte in Nase und Augen.

Stopfe nur das Gesicht mit Zeitung aus. Die Augen bleiben flach.

Zeichne die Gesichtszüge mit einem schwarzen Marker auf.

Müde Wanze
Sie macht mit ihren halb geschlossenen Augen und dem schiefen Grinsen einen ziemlich müden Eindruck und passt prima über das Bett.

Fröhliche Blume
Wenn die Farbe trocken ist, male der Blume ein freches Gesicht auf. Als Partydekoration hängst du sie an die Decke, an eine Tür oder eine Wand.

Klebe als Stiel einen langen, grünen Krepppapierstreifen an eines der unteren Blütenblätter.

Stich oben ein kleines Loch in die Blume, fädle einen Faden durch und mache eine Schlaufe zum Aufhängen.

Schräges Monster
Zum Ausstopfen dieses Monsters musst du eine größere Lücke lassen, damit du alle Zipfel gut erreichst.

MAGNETRAHMEN

Verlierst du auch immer wieder wichtige Zettel? Dann befestige sie doch mit diesem bunten Magnetrahmen am Kühlschrank.

Material

Farbige Notizzettel Pappe

Lineal

Farbe

Magneten★

Bastelleim

Klebeband

Schere

Pinsel

Marker

Rahmen mit Magneten

Du musst drei Rechtecke auf dein Stück Pappe zeichnen.

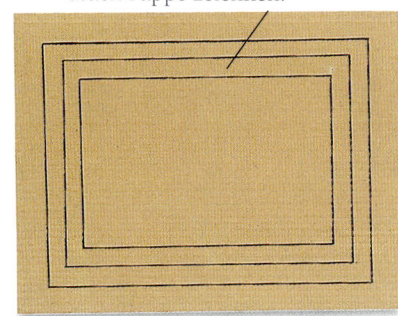

1 Nimm einen von deinen normalen Notizzetteln und lege ihn auf ein Stück dicke Pappe. Halte das Papier mit einer Hand fest und zeichne mit Bleistift den Umriss nach.

2 Zeichne innerhalb des ersten Rechtecks ein zweites mit einem Abstand von 2 cm zu der ersten Linie. Dann zeichne ein drittes Rechteck 2 cm außerhalb des ersten.

Schneide den gestrichelten Bereich aus, um einen Rahmen zu erhalten.

3 Diese drei Rechtecke zeigen den inneren und den äußeren Rand sowie die Mitte des Rahmens an. Zeichne auf diesen Hilfslinien jetzt verschiedene Motive vor.

4 Das Thema deines Rahmens kannst du selbst wählen, vielleicht dein Hobby, dein Lieblingssport oder auch lauter Süßigkeiten. Du kannst auch deinen Namen auf den Rahmen schreiben. Wichtig ist, dass deine Zeichnung mindestens 4 cm breit ist.

Magneten bekommst du im Baumarkt oder beim Bastelbedarf.

Probiere die Magneten vor dem Aufkleben am Kühlschrank aus.

5 Wenn du den Rahmen fertig gezeichnet hast, schneide ihn aus und male ihn mit Farbe, Filzstiften oder Wachskreiden an. Umrahme Einzelheiten mit schwarzem Marker – das bringt gute Effekte.

6 Nach dem Bemalen drehst du den Rahmen um und klebst in jede Ecke einen kleinen Magneten. Probiere vor dem Aufkleben unbedingt aus, welche Seite des Magneten an der Kühlschranktür haftet.

Dran gedacht!

Hänge deinen bunten Rahmen über die wichtigen Notizzettel am Kühlschrank, damit du sie nicht mehr übersehen kannst.

Setze die Motive so zusammen, dass ein fortlaufender Rahmen entsteht.

Donnerstagmorgen Schwimmsachen mitnehmen

Zahnarzttermin Mittwoch 16 Uhr

Große Klappe

Dieses witzige Gesicht mit dem riesigen Mund ist genau richtig für den Zettel, auf dem der nächste Zahnarzttermin steht.

Magnet-Test
Probiere aus, welche Seite der Magneten am Kühlschrank haftet: Eine Seite bleibt hängen. Drehst du den Magnet um, fällt er herunter.

31

SCHÜSSELKÖPFE

Unter diesem vergnügten Gesicht steckt eine Schüssel. Du kannst alles Mögliche darin aufbewahren. Ein Deckel schützt deine Schätze.

Zeitung wird Schüssel

Material

Zeitung

Klarsichtfolie

Schüsseln   Toilettenpapier

Leimmischung   Farbe

Schere

Pinsel

Marker

Klappe die Klarsichtfolie über den Schalenrand.

Die innere Form wird der Deckel.

1 Nimm als Grundform für deine Schüssel zwei kleine, ganz glatte Müslischalen. Lege eine Schale von innen mit Klarsichtfolie aus.

2 Tauche kleine Stücke Zeitungspapier in die Leimmischung und drücke sie auf die Innenseite der Schale. Es sollten fünf Lagen werden.

Wenn er trocken ist, lässt sich der Deckel aus der Form nehmen.

Die Schüssel formst du auf der Außenseite einer Schale.

3 Stelle die zweite Schale kopfüber auf eine Unterlage, bedecke die Außenseite mit Klarsichtfolie und beklebe sie von außen mit mehreren Schichten Papier.

4 Wenn die Zeitung trocken ist, ziehe sie vorsichtig von der Klarsichtfolie ab. Schneide den Rand mit einer Schere gerade.

Frecher Freddy

Male Unterteil und Deckel deiner Schüssel mit Plaka- oder Acrylfarben an. Denk dir lustige Gesichter aus – hier findest du zwei Beispiele.

Setze in die Augen weiße Lichtpunkte.

So eine Schüssel ist praktisch für eingewickelte Bonbons.

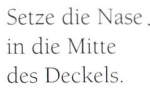

Schielender Schorsch

Dieses Gesicht mit den Hasenzähnen, der runden Brille und den schielenden Augen sieht richtig witzig aus.

Die Nase ist zugleich der Griff, um den Deckel anzuheben.

Vergiss nicht, die Schüssel auch von innen anzumalen.

Setze die Nase in die Mitte des Deckels.

Setze für die Nasenflügel seitlich zwei kleine Kugeln an.

Zerknülle etwas Toilettenpapier, tauche es in die Leimmischung und drücke es aus. Forme daraus eine Nase und setze sie auf den Deckel. Wieder trocknen lassen.

Zeichne zuerst mit einem Marker ein Gesicht auf den Deckel. Male auch Haare und Ohren. Naturgetreue Gesichter sind schwierig – probiere lieber ein lustiges Comic-Gesicht.

3-D-BILDER

Bilder und Poster hat jeder an der Wand. Warum probierst du nicht einmal etwas ganz Neues? Solche 3-D-Bilder fallen bestimmt auf.

Frosch aus Seidenpapier

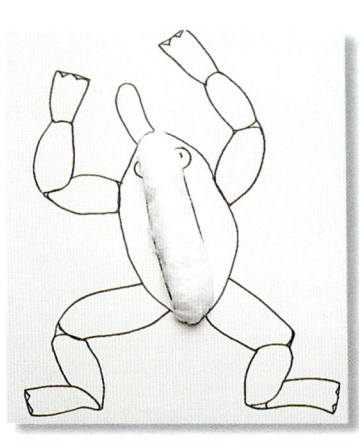

Zupfe genug Watte ab, um die einzelnen Flächen damit auszufüllen.

1 Zeichne einen Frosch auf ein Stück Pappe. Unterteile ihn in einzelne Teile. Bestreiche einen Teil mit Leimmischung und klebe Watte darauf.

2 Reiße ein Stück Seidenpapier zurecht, groß genug, dass es die Watte bedeckt. Lege es über die Watte und klebe die Ränder vorsichtig fest.

Wickle zwei kleine Wattekugeln in weißes Seidenpapier und setze sie als Augen auf.

Nimm für die Zunge des Frosches rotes Seidenpapier.

3 Baue auf diese Weise nach und nach das ganze Bild auf. Nimm Seidenpapier in verschiedenen Farben und drücke die Kanten unter die Watte.

4 Wenn die Figur fertig ist, füge Augen und andere Einzelheiten hinzu. Dann lass alles über Nacht trocknen. Schneide die Figur vorsichtig aus. Pass auf, dass du das Seidenpapier dabei nicht beschädigst.

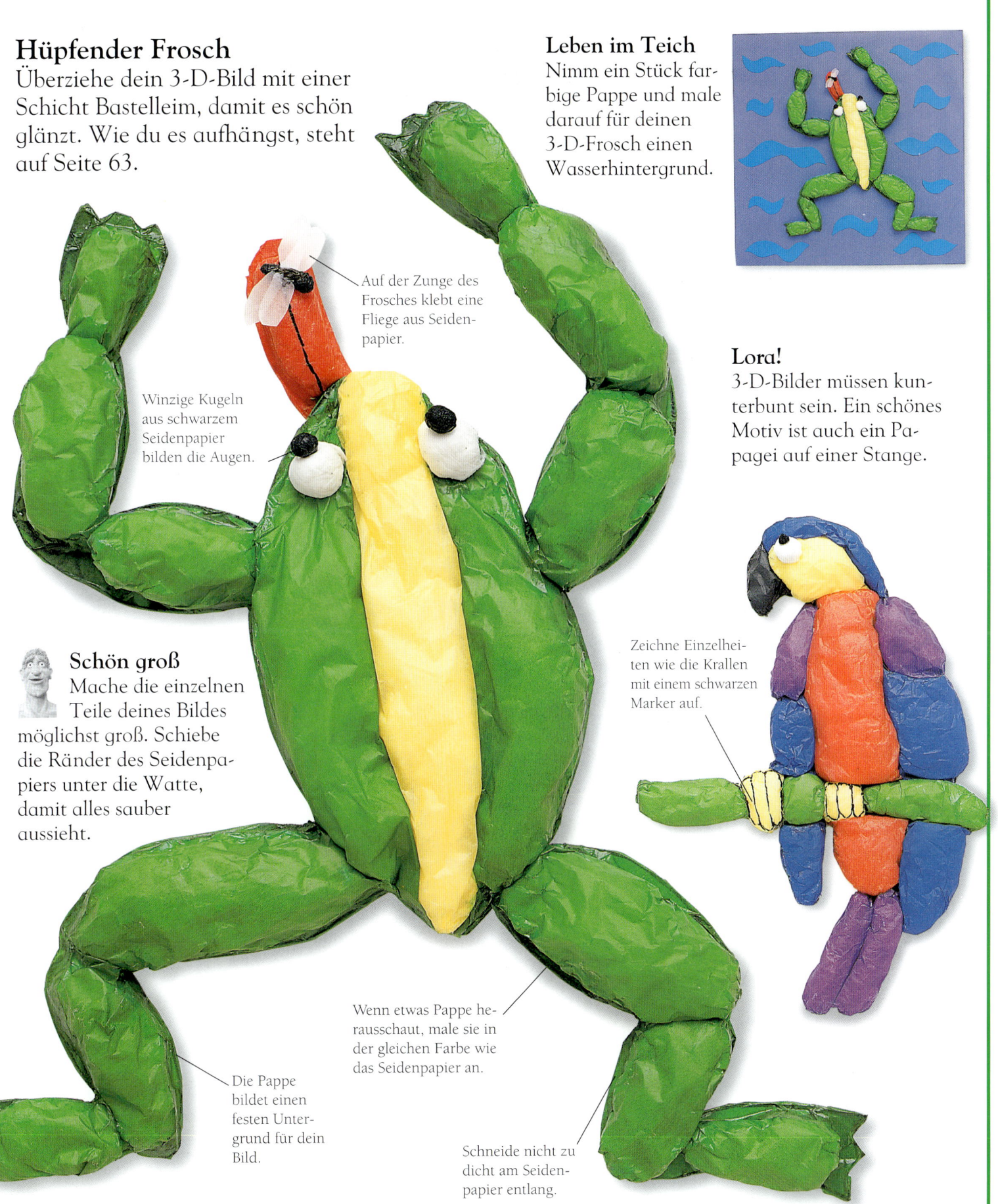

Hüpfender Frosch
Überziehe dein 3-D-Bild mit einer Schicht Bastelleim, damit es schön glänzt. Wie du es aufhängst, steht auf Seite 63.

Leben im Teich
Nimm ein Stück farbige Pappe und male darauf für deinen 3-D-Frosch einen Wasserhintergrund.

Auf der Zunge des Frosches klebt eine Fliege aus Seidenpapier.

Winzige Kugeln aus schwarzem Seidenpapier bilden die Augen.

Lora!
3-D-Bilder müssen kunterbunt sein. Ein schönes Motiv ist auch ein Papagei auf einer Stange.

Schön groß
Mache die einzelnen Teile deines Bildes möglichst groß. Schiebe die Ränder des Seidenpapiers unter die Watte, damit alles sauber aussieht.

Zeichne Einzelheiten wie die Krallen mit einem schwarzen Marker auf.

Wenn etwas Pappe herausschaut, male sie in der gleichen Farbe wie das Seidenpapier an.

Die Pappe bildet einen festen Untergrund für dein Bild.

Schneide nicht zu dicht am Seidenpapier entlang.

FIESE FISCHE

Wolltest du schon immer ein gefährliches Haustier haben? Dann ist so ein Raubfisch im Aquarium die Lösung!

Fisch aus Zeitung

Material

Pappkarton Zeitung

Farbe Nylon-schnur Leim-mischung

Klebeband Toilettenpapier

Schere

Pinsel

Marker

1 Nimm eine ganze Zeitung, klapp sie auf und rolle sie der Länge nach auf. Halte die Enden locker mit Klebeband zusammen.

Die zusammen-geklebte Naht soll innen liegen.

Umwickle die Knickstelle mit Klebestreifen.

Die Papier-kugeln wer-den die Augen des Fisches.

2 Knicke die Papierrolle so, dass eine Seite etwas länger ist als die andere. Klebe auf das kürzere Oberteil zwei Papierkugeln.

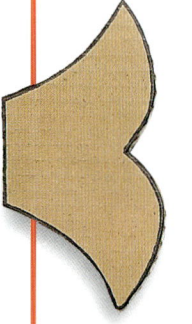

3 Schneide vom Karton den Deckel ab. Zeichne darauf Schwanz und Flos-sen und schneide sie aus.

4 Klebe die Pappteile mit Klebestreifen sorgfältig an die geknickte Papierrolle und der Fisch ist erkennbar.

5 Lege Stücke von Toilettenpapier auf den Fisch und bestreiche sie mit Leimmischung. Klebe mindestens drei Schichten Toilettenpapier auf, dann lass alles über Nacht trocknen.

6 Zeichne mit einem Marker Augen, Zähne und Streifen auf die Flossen. Bemale den Fisch anschließend in leuchtend bunten Farben.

Piranha und Co.

Deine Freunde werden dich um den tollen Fisch beneiden. Kommt ihm aber nicht zu nahe, bevor er in seinem Aquarium ist! Das entsteht auf der nächsten Seite.

Male mit schwarzem Marker Schuppen auf.

Mit seinen großen Augen sieht der Fisch sehr angriffslustig aus.

Spitze, weiße Zähne leuchten in dem schwarzen Maul.

Besonders exotisch sieht diese Art mit der Doppelflosse aus.

Dieser Fisch hat keine Streifen, sondern bunte Punkte.

Fischschwarm

Mit zusätzlichen Flossen und anderen Farben kannst du viele Fischarten erfinden. Bastle doch gleich mehrere.

UNTERWASSERWELT

Wenn der bissige Fisch fertig ist, muss er ins Wasser. In dieses verrückte Aquarium passt ein großer Fisch oder viele kleine.

Fix und fertig
Gib deinem fertigen Aquarium einen Ehrenplatz auf dem Regal. Wenn du den Fisch antippst, schaukelt er hin und her.

Aquarium aus Karton

Beklebe auch die Innenseite mit Toilettenpapier und Leim.

1 Schneide von dem Karton nun auch den Boden ab. Dann zeichne auf jede Seite ein Rechteck und schneide es aus, sodass nur ein Rahmen stehen bleiben.

2 Zerknicke den Rahmen etwas, damit er wellig aussieht. Dann beklebe ihn mit Toilettenpapier und Leim und lass alles gut trocknen.

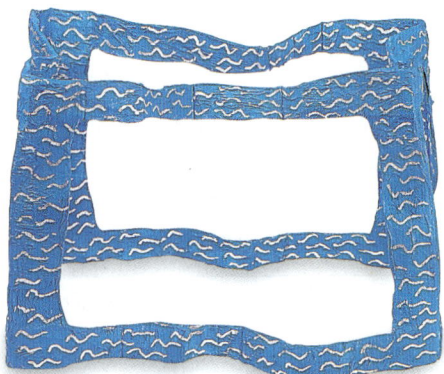

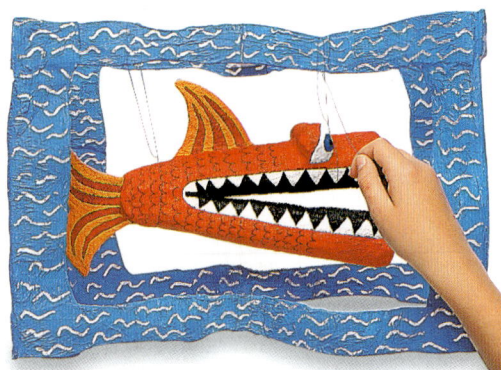

3 Wenn der Leim trocknet, wird der Rahmen ganz hart. Male ihn blau an und setze lauter kleine Wellenlinien in Weiß oder Silber darauf, damit der Eindruck von Wasser entsteht.

4 Lege Schnüre um Maul und Schwanz des Fisches und verknote die Enden jeweils rechts und links oben am Rahmen. Am besten eignet sich Nylonschnur, weil man sie fast nicht sieht.

Trio infernale

In diesem Aquarium leben drei kleinere Fische. Hänge sie in verschiedenen Höhen auf, damit das Aquarium gleichmäßig ausgefüllt ist.

Farb-Tipp

Acrylfarben geben eine glatte Oberfläche. Du kannst sie mischen, um neue Farben zu erhalten. Wenn du sie mit etwas Wasser verrührst, lassen sie sich leichter verstreichen.

Zeichne die Wellen mit silberner Farbe oder einem silbernen Marker auf.

Nimm für das Wasser ein kräftiges, leuchtendes Blau.

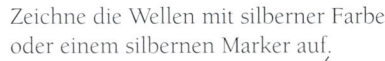

Der Fisch soll ungefähr in der Mitte des Beckens schaukeln.

Vergiss nicht, auch die Innenseite des Rahmens anzumalen.

39

RIESENSTIFT

Wenn du auch immer deine Stifte verlierst, ist dieser Riesenstift deine Rettung! Ihn kann man einfach nicht übersehen!

Buntstift aus Pappe

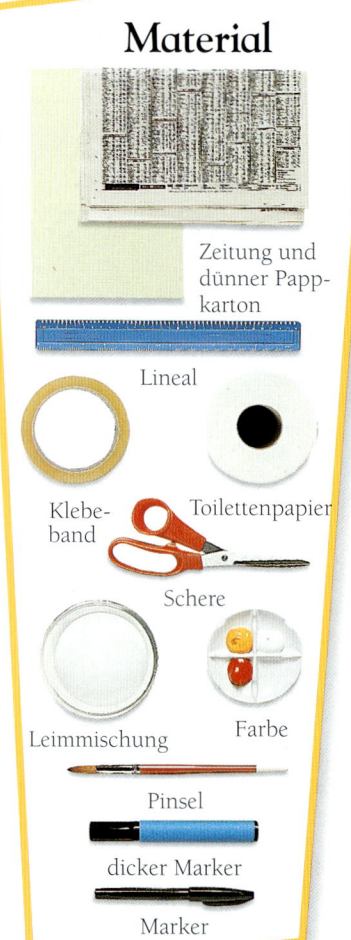

Material

Zeitung und dünner Pappkarton

Lineal

Klebeband

Toilettenpapier

Schere

Leimmischung

Farbe

Pinsel

dicker Marker

Marker

Teile die Pappe mit dem Lineal in sechs gleiche Streifen ein.

Dieses Ende der Tüte muss weit offen bleiben.

1 Schneide von dem Karton die Vorderseite ab und teile sie der Länge nach in sechs gleich breite Streifen. Falte sie zu einer eckigen Röhre. Klebe die beiden Randstreifen aufeinander.

2 Teile die Rückwand des Kartons in vier Teile. Rolle für die Buntstiftspitze einen Streifen von der Ecke aus zu einer kleinen Tüte, so wie auf dem Foto.

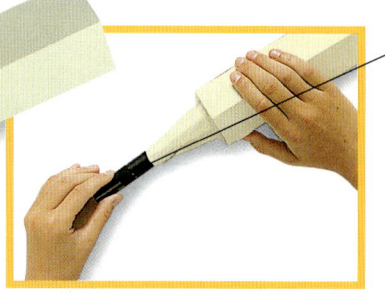

Schneide vorsichtig schmale Streifen von der Spitze ab, bis der Marker gerade hineinpasst.

3 Schiebe die Spitze in die fünfeckige Röhre und klebe sie mit Klebestreifen fest. Du musst sehr sorgfältig kleben, sonst fällt der Stift auseinander, wenn du damit schreibst.

4 Schneide die Spitze ab und schiebe einen dicken Marker hinein. Er soll so weit herausschauen, dass man seinen Deckel gut abnehmen kann. Dann klebe ihn fest.

Das Zeitungspapier macht deinen Stift stabil.

Beklebe die Spitze auf keinen Fall, sonst schreibt der Stift nicht mehr.

Das aufgeklebte Toilettenpapier musst du ganz glatt streichen.

5 Knülle Zeitungspapier zu Kugeln und stopfe den Buntstift damit aus. Schiebe sie mit einem Lineal tief in die Röhre. Über das offene Ende klebst du Klebestreifen, damit das Papier nicht herausfällt.

6 Bestreiche den Buntstift mit Leimmischung und klebe Stücke von Toilettenpapier darauf. Bedecke den ganzen Stift bis zur Spitze mit Toilettenpapier und Leim. Über Nacht trocknen lassen.

Fertig zum Schreiben
Der beklebte Stift wird ganz hart. Bemale ihn mit Plaka- oder Acrylfarben. Und dann hast du einen professionellen Riesenstift, der wirklich schreibt.

Wenn die Farbe trocken ist, zeichne die Einzelheiten mit Marker nach.

Vielleicht möchtest du noch deinen Namen auf den Riesenstift schreiben?

Abgerundete Farbränder an der Stiftspitze sehen sehr echt aus.

Klebe Aluminiumfolie um den Stift und male das Ende rosa an – fertig ist der Radiergummi.

Die Farbe für das Holz mischst du aus Orange und Weiß.

Male auch das Ende des Stiftes in Holzfarbe an. Dann zeichne eine dicke schwarze Mine in die Mitte.

Fest zupacken!
Du wirst deine Freunde bestimmt beeindrucken, wenn du mit diesem Stift unterschreibst. Er ist aber so groß, dass du ihn fest anpacken musst.

41

EHRENPOKAL

Kennst du jemanden, der gerade eine Prüfung bestanden hat? Dann schenke ihm doch diesen Pokal mit dem hochgestreckten Daumen.

Material

Pappe und Zeitung

Kieselstein

Klebeband

Leimmischung

Styroporbecher

Farbe

Toilettenpapier

Schere

Pinsel

Marker

Pokal aus Pappe

Denk daran, den Daumen weit auszustrecken.

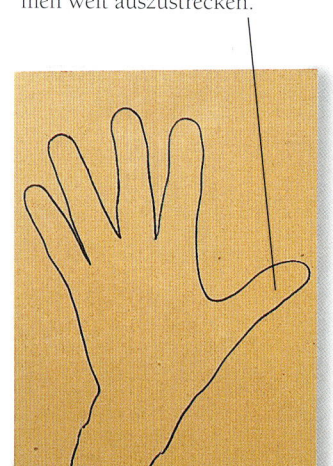

Klebe eine Kugel aus Zeitungspapier als Handballen auf.

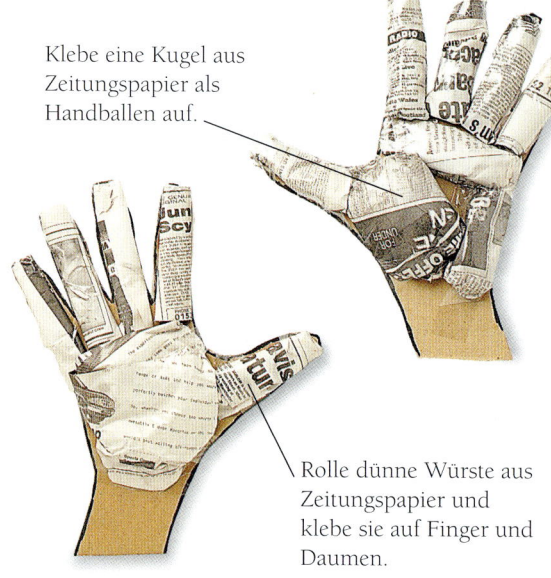

Rolle dünne Würste aus Zeitungspapier und klebe sie auf Finger und Daumen.

1 Leg deine Hand auf ein Stück Pappe und zeichne sie mit dem Marker nach. zeichne auch etwa 5 cm des Handgelenkes nach. Schneide die Hand aus.

2 Polstere die Hand beidseitig mit geknülltem Zeitungspapier auf. Dann umwickle Handfläche und Finger mit Klebeband, um sie zu glätten.

3 Biege die Finger zur Handfläche hin. Die Knickstellen sollen da liegen, wo sich auch die Gelenke einer echten Hand befinden. Klebe die vier Finger in der geknickten Stellung fest.

Biege die Finger zur Handfläche. Den Daumen gerade lassen.

4 Stelle den Styroporbecher kopfüber auf ein Stück Pappe und befestige ihn mit Klebestreifen. Schneide oder reiße den Boden ab und schneide dann den Becher an zwei Stellen etwa 3 cm tief ein.

Der Becher bildet den Sockel des Pokals.

5

Lege einen großen Kieselstein in den Becher, um den Pokal zu beschweren. Knülle Zeitungspapier zusammen und stopfe es in den Becher, damit der Stein nicht klappert. Schiebe das Handgelenk der Papphand in die Einschnitte im Becher.

6

Klebe die Hand am Becherrand gut fest. Dann bedecke das ganze Objekt mit Leimmischung und Toilettenpapier. Zwei Schichten müssten reichen. Lass den Pokal über Nacht gut austrocknen.

Gold ist genau die richtige Farbe für den Pokal.

Male die Hand zuerst an. Dann macht es nichts, wenn Farbe auf den Sockel tropft.

Gold-Tipp
Du musst keine spezielle Goldfarbe kaufen. Mische sie einfach selbst aus Orange und Gelb.

Male mit brauner Farbe feine Schatten zwischen die Finger.

Fertig!
Male den Pokal mit Plaka- oder Acrylfarbe an. Und dann musst du ihn nur noch jemandem schenken, der ihn wirklich verdient!

Male den Sockel schwarz an.

Zweiter Platz
Bemalst du die Hand mit Silberfarbe, nimm für die Schattenlinien Schwarz.

43

SCHMUCKSTÜCKE

Verblüffe deine Freundinnen mit diesem witzigen Schmuck aus alten Plastiktüten, Papierresten, Pappe und Klebeband.

Armband aus Plastiktüte

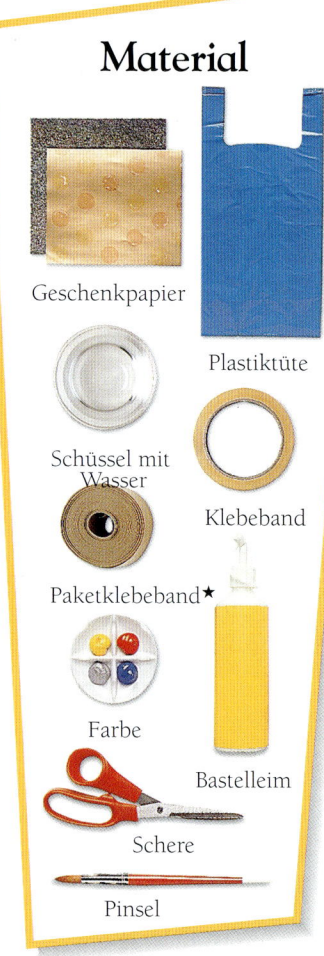

Material

Geschenkpapier

Plastiktüte

Schüssel mit Wasser

Klebeband

Paketklebeband★

Farbe

Bastelleim

Schere

Pinsel

Rolle die Tüte der Länge nach auf.

1 Nimm eine Plastiktüte aus dem Supermarkt und rolle sie der Länge nach zu einer langen Wurst.

Weiche Paketklebeband in Wasser ein. Es darf ruhig lange im Wasser liegen.

2 Wickle die aufgerollte Tüte um deine Hand, sodass ein Ring entsteht. Klebe ihn mit Klebestreifen zusammen.

Klebe als Verzierung kleine Stücke von Geschenkpapier auf.

Das Umwickeln ist einfacher, wenn du kurze Stücke Klebeband verwendest.

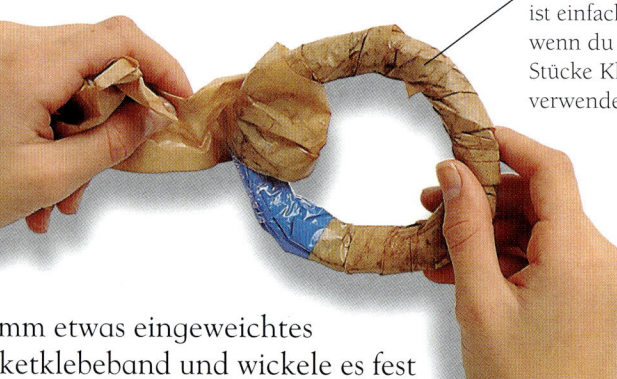

3 Nimm etwas eingeweichtes Paketklebeband und wickele es fest um den Ring. Er muss mit drei Schichten Klebeband bedeckt werden. Dann lass ihn trocknen.

4 Male den Armreifen mit Acrylfarben an und klebe ausgeschnittene Stückchen Geschenkpapier darauf. Wenn alles trocken ist, bestreiche den Reifen mit Bastelleim, damit er schön glänzt.

Edler Schmuck

Aus Supermarkt-Plastiktüten lassen sich ganz tolle Schmuckstücke basteln. Und aus Papier und Pappresten kannst du auch die anderen Modelle nachmachen.

Male die Einzelheiten mit einem schwarzen Marker auf.

Fädle deine Perlen auf eine farbige Schnur oder buntes Nähgarn.

Vogel-Brosche

Diese Brosche wird genauso gemacht wie die Fische unten auf der Seite. Du kannst natürlich jedes Motiv verwenden, aber einfache Formen sind am besten.

Nimm zur Verzierung Geschenkpapier, Seidenpapier, Folie oder auch Bonbonpapier.

Passende Halskette

Für die Perlen dieser Kette wickelst du einfach kleine Stücke von eingeweichtem Paketklebeband um den Finger. Wenn sie trocken sind, verziere sie wie den Armreifen.

Bastle Perlen in verschiedenen Farben. Du kannst sie sogar passend zu deinem Lieblingskleidungsstück anmalen.

Fisch-Broschen

Diese lustigen Fisch-Broschen sind ganz einfach zu basteln. Zeichne den Umriss auf ein Stück Pappe und schneide ihn aus. Dann befestige mit Klebestreifen zerknülltes Zeitungspapier darauf und arbeite weiter nach Schritt 3 und 4.

Broschen-Tipp

Um eine Brosche zu basteln, musst du eine große Sicherheitsnadel auf die Rückseite kleben.

BECHERBIESTER

Wenn das nächste Mal auf einer Party viele Styroporbecher benutzt werden, wasche sie hinterher aus und gib ihnen ein neues Leben als Marionette.

Marionette aus Bechern

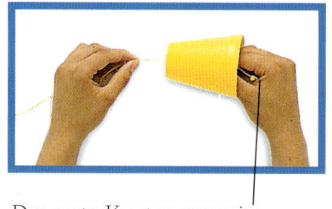

Der erste Knoten muss im ersten Becher liegen.

Der zweite Knoten liegt dicht über dem Boden des ersten Bechers.

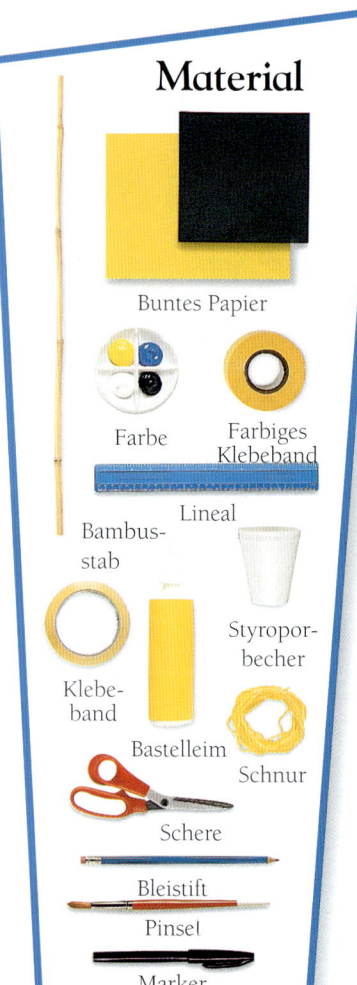

Material

Buntes Papier

Farbe

Farbiges Klebeband

Lineal

Bambusstab

Klebeband

Bastelleim

Styroporbecher

Schnur

Schere

Bleistift

Pinsel

Marker

1 Du brauchst etwa 20 saubere Becher. Stich in den Boden jedes Bechers mit einem spitzen Bleistift ein Loch.

2 Binde in das Ende einer langen Schnur einen Knoten. Fädle die Schnur von innen durch einen Becher und mache von außen den nächsten Knoten.

Zeichne mit einem Marker den Punkt für den nächsten Knoten an.

Hier werden die Augen der Marionette befestigt.

Jeder Becher bekommt über und unter dem Boden einen Knoten.

Klebe für die Augen zwei Becher zusammen.

3 Mache im Abstand von etwa 6 cm zum Boden des Bechers wieder einen Knoten. Fädle den nächsten Becher auf und knote ihn unter dem Boden fest. Befestige weitere Becher, bis eine lange Schlange entsteht.

4 Klebe oder tackere zwei Becher zusammen. Halte sie an den vorletzten Becher der Schlange und verbinde alle drei mit einem langen Klebestreifen.

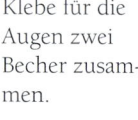

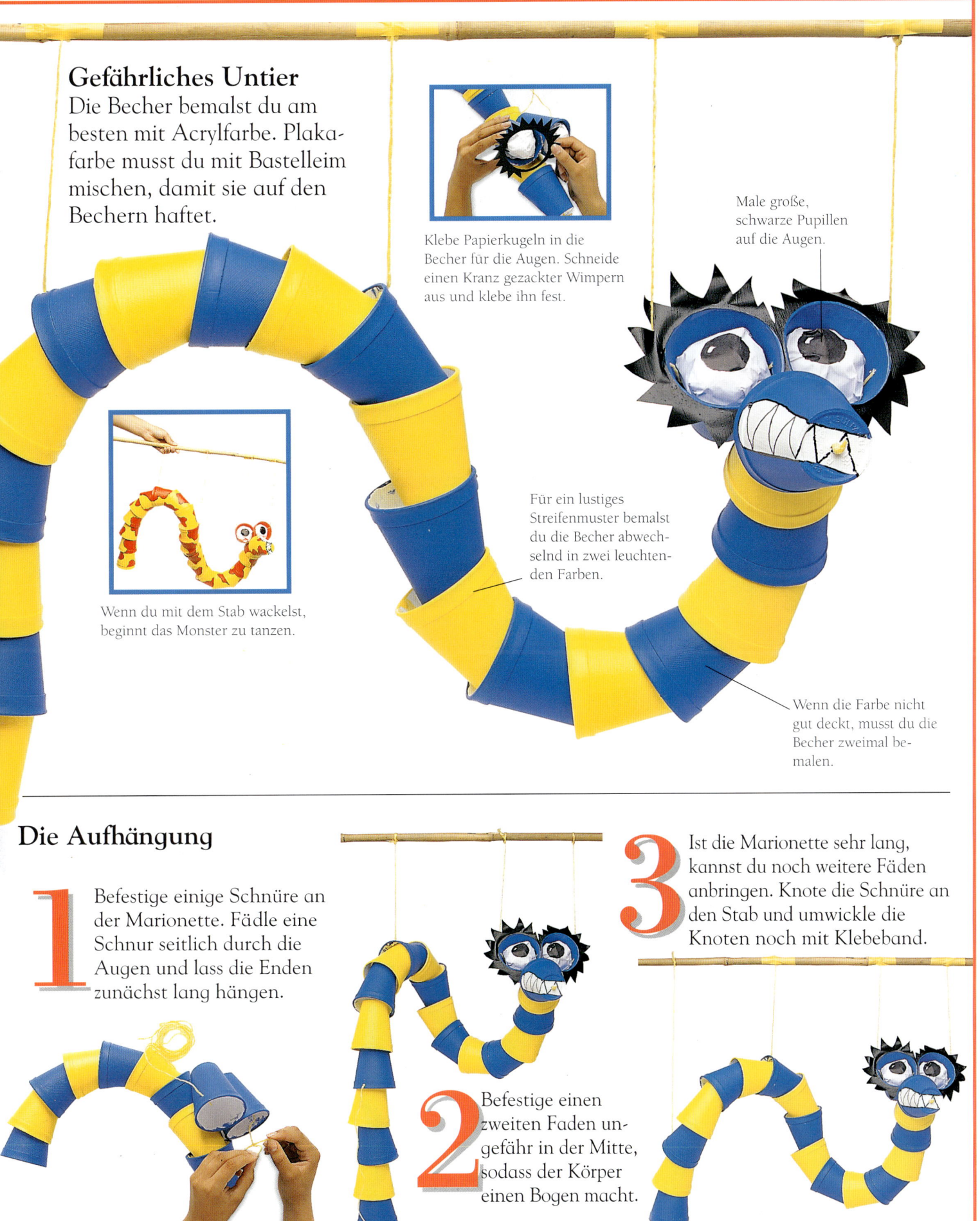

Gefährliches Untier

Die Becher bemalst du am besten mit Acrylfarbe. Plakafarbe musst du mit Bastelleim mischen, damit sie auf den Bechern haftet.

Klebe Papierkugeln in die Becher für die Augen. Schneide einen Kranz gezackter Wimpern aus und klebe ihn fest.

Male große, schwarze Pupillen auf die Augen.

Wenn du mit dem Stab wackelst, beginnt das Monster zu tanzen.

Für ein lustiges Streifenmuster bemalst du die Becher abwechselnd in zwei leuchtenden Farben.

Wenn die Farbe nicht gut deckt, musst du die Becher zweimal bemalen.

Die Aufhängung

1 Befestige einige Schnüre an der Marionette. Fädle eine Schnur seitlich durch die Augen und lass die Enden zunächst lang hängen.

2 Befestige einen zweiten Faden ungefähr in der Mitte, sodass der Körper einen Bogen macht.

3 Ist die Marionette sehr lang, kannst du noch weitere Fäden anbringen. Knote die Schnüre an den Stab und umwickle die Knoten noch mit Klebeband.

47

MÜLLMONSTER

Liegt in deinem Zimmer auch immer so viel Papier und Müll auf dem Boden? Dann brauchst du dringend einen richtig gefräßigen Müllschlucker.

Zeitung wird Mülltonne

Zeitungen

Farbe

Toilettenpapier

Tacker

Klebeband

Leim-mischung

Schere

Pinsel

Marker

1 Klappe zwei Zeitungen genau in der Mitte auf. Klebe jeweils oben und unten am Mittelknick alle Seiten einer Zeitung zusammen.

Pass auf! Verletze dich nicht mit dem Tacker.

2 Lege eine Zeitung so auf die andere, dass die Innenseiten aufeinander liegen. Hefte sie rechts und links mit dem Tacker zusammen.

Der ganze Müllschlucker muss mit Leim und Küchenpapier bedeckt werden – auch Augen und Lippen.

Für jedes Auge brauchst du etwa drei Blätter Zeitungspapier.

5 Falte den Rand der Tonne nach innen über die Zeitungsrolle und befestige alles mit Klebestreifen. Zerknülle für die Augen zwei Papierkugeln und klebe sie auf den hinteren Rand.

6 Bestreiche die ganze Tonne mit Leimmischung und klebe Stücke von Küchenpapier darauf. Dann streiche noch einmal Leimmischung darüber.

So sollen die aufgestellten Zeitungen von oben aussehen.

Rolle sechs Bögen Zeitungspapier auf und klebe sie an den Enden zusammen.

Wo die beiden Rollen einander überlappen, musst du sie zusammenkleben.

3 Ziehe die Zeitungen so auseinander, dass du sie wie einen Karton aufstellen kannst. Lege eine dritte Zeitung von oben darüber, klappe die Ränder um und befestige sie mit Klebeband.

4 Für die Lippen formst du zwei Würste aus Zeitungspapier. Lege die Enden etwas übereinander, klebe sie zusammen und lege die lange Rolle von innen an den offenen Rand der Tonne.

Drücke diese Seite zum Boden hinab.

7 Solange die Tonne noch feucht ist, drückst du die Vorderseite des Mauls, die den Augen gegenüberliegt, ein Stück herunter. Dann muss alles gut trocknen.

8 Wenn der Müllschlucker trocken ist, trage mit einem Marker die Gesichtszüge auf. Zeichne den Umriss der Lippen und Einzelheiten wie die Pupillen und die Lichtpunkte in den Augen.

GROSSMAUL

So sieht der fertige Müllschlucker aus. Stell ihn unter den Schreibtisch oder an die gegenüberliegende Wand und wirf deinen Müll in sein hungriges Maul. Du musst aber gut treffen können!

Bunt bemalen
Male deinen Müllschlucker mit Acrylfarbe in leuchtenden Monsterfarben an, z. B. mit einem schrillen Grün oder einem gruseligen Dunkellila.

Male die Augen blau und zeichne nach dem Trocknen mit dem schwarzen Marker die Einzelheiten ein.

Die Lippen und den inneren Rand des Mundes malst du leuchtend rot an.

Malst du das Maul von innen dunkelbraun, sieht es noch größer aus.

Tupfe in die Vertiefungen eine dunklere Farbe, damit das Monster schön runzlig aussieht.

Male das Monster gelb an, die Schatten zwischen Fingern und Zehen orange.

Schneide aus Pappe eine Zunge aus und polstere sie mit zerknülltem Zeitungspapier auf. Dann klebe sie an der Innenseite des Mauls fest.

Zeichne alle Umrisslinien mit schwarzem Marker nach.

Monster-Tonne

Dieser gefährlich aussehende Müllschlucker hat Arme, Beine und eine Zunge aus Pappe, die mit zerknülltem Zeitungspapier aufgepolstert wurde. Diese Teile musst du mit Klebestreifen befestigen, ehe du den ganzen Körper mit Leim und Küchenpapier überziehst.

Rolle für die Finger und Zehen Zeitungspapier zusammen und klebe es an die Papphände und -füße.

51

GLANZSCHILDER

Aluminiumfolie ist ein tolles Bastelmaterial. Für so ein funkelndes Schild brauchst du gar nicht viel davon. Probier's mal aus!

Schilder aus Folie

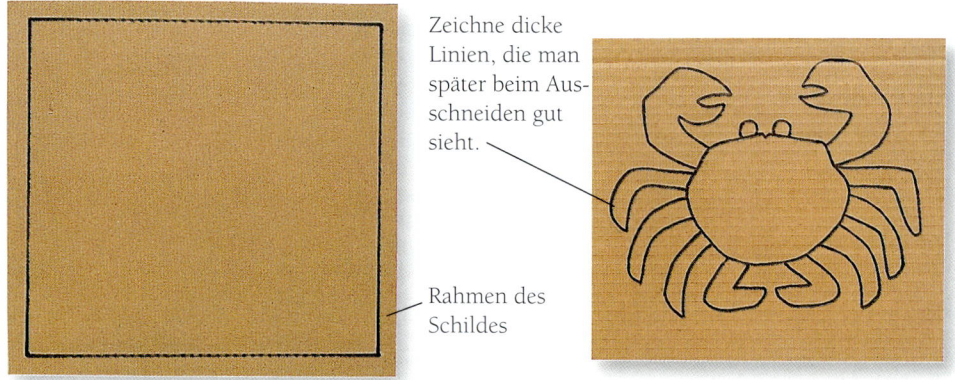

Zeichne dicke Linien, die man später beim Ausschneiden gut sieht.

Rahmen des Schildes

Material

Pappe

Aluminiumfolie

Bastelleim   Farbe   Klebestift

Klebeband   Toiletten-papier

Schere

Lineal

Pinsel

Marker

1 Schneide aus Pappe zwei Quadrate von ungefähr 10 cm Kantenlänge zu. Zeichne auf eines eine Linie mit 1 cm Abstand vom Rand.

2 Schneide diesen Rahmen in einem Stück aus. Dann zeichne ein Bild auf das Reststück, das die Fläche gut ausfüllt.

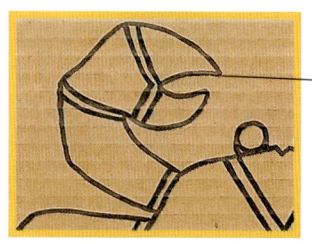

Zeichne für jedes Teil den Umriss auf. Das erleichtert das Ausschneiden.

3 Zerlege dein Bild in mehrere Teile. Schneide diese sorgfältig aus und klebe sie auf der zweiten Pappe mit kleinen Abständen wieder an ihren Platz.

4 Jetzt bestreiche den Rand der größeren, unversehrten Pappe mit dem Klebestift und setze den ausgeschnittenen Rahmen darauf. Die Ränder müssen genau aufeinander liegen.

5 Bestreiche dein ganzes Bild mitsamt dem Rahmen mit Bastelleim. Lege ein Stück Aluminiumfolie darauf und drücke es mit einer Kugel aus Toilettenpapier sorgfältig in alle Vertiefungen.

6 Verdünne etwas Plakafarbe mit Wasser und bestreiche damit die ganze Fläche. Dann tupfe mit einer Kugel aus Toilettenpapier die Farbe von den herausstehenden Teilen des Bildes wieder ab.

Streiche die Farbe in alle Winkel und Falten.

Krabbelige Krabbe

Fertig ist das selbst gebastelte Folienschild. Du kannst es zusammen mit anderen Meeresmotiven im Badezimmer aufhängen. Vielleicht möchtest du auch ein Schild mit deinem Monogramm oder deinem Namen basteln?

Schneide das „Gesicht" des Totenkopfes aus Pappresten aus.

Nummerieren
Wenn du vor dem Ausschneiden die Teile deines Motivs nach Segmenten nummerierst, fällt das Zusammensetzen später leichter.

Falte die Folie um den Rand des Bildes und befestige sie auf der Rückseite mit Klebestreifen.

Nach dem Abtupfen der Farbe hebt sich das Motiv glänzend hervor.

Totenkopf mit Knochen
Für diesen gruseligen Schädel mit den gekreuzten Knochen wurden mehrere Teile zusammengeklebt. In Blau oder dunklem Lila sieht er besonders gespenstisch aus.

KROKO-BUTLER

Wohin legst du beim Malen eigentlich den nassen Pinsel? Bevor er dir alles beschmiert, bastle dir lieber so einen praktischen Pinselhalter.

Krokodil aus Pappe

Material

Dünne Pappe

Zeitung

Teller

Klebe-band

Farbe

Toiletten-papier

Leimmischung

Schere

Pinsel

Marker

Nimm als Schablone einen großen Teller.

Schneide den Kreis mit der Schere aus.

Kniffe die Mitte scharf und klebe die Kanten fest zusammen.

1 Lege einen Teller kopfüber auf ein Stück dünne Pappe und zeichne ihn nach. Schneide den Kreis aus und knicke ihn in der Mitte, sodass ein Halbkreis entsteht.

Schneide die Spitze ab, damit ein Loch für den Pinsel entsteht.

Rolle für Nase und Augen Kugeln aus Zeitungspapier.

2 Biege die geraden Seiten des Halbkreises so zusammen, dass du einen Kegel erhälst. Schiebe die Ränder 6-7 cm über-einander und halte sie mit Klebestreifen zusammen.

3 Klebe für die Nase zwei Kugeln aus Zeitungspapier an die Spitze des Kegels. Zwei größere Kugeln am unteren Rand des Kegels bilden die Augen.

Grinsendes Krokodil

Nimm zum Bemalen des Krokodils Acrylfarbe. Sie ist wasserfest. So kannst du Tropfen, die vom Pinsel fallen, leicht abwischen.

Zeichne die Umrisse von Augen, Nasenlöchern und Zähnen mit schwarzem Marker nach.

Die Tupfen sind dunkelgrün mit schwarzem Rand und weißem Lichtpunkt.

Zugeschnappt!

Statt Pinsel kann dieses Krokodil auch Stifte halten.

Wenn du mehrere Löcher haben willst, musst du sie vor dem Aufkleben des Toilettenpapiers einstechen.

Male den Oberkiefer des Krokodils grün und den Unterkiefer gelb an.

Das Loch für den Pinsel nicht zukleben!

4 Bestreiche den Kegel mit Leimmischung und klebe Stücke von Toilettenpapier darauf. Trage zwei solcher Schichten auf. Beklebe den ganzen Kopf von innen und außen, auch Augen und Nase.

5 Lass den Kopf über Nacht trocknen. Dann trage mit schwarzem Marker das Gesicht mit Augen, Maul, Zähnen und Nasenlöchern auf. Zum Schluss male das Krokodil in leuchtenden Farben an.

STIFTE-RAKETE

Wenn deine Stifte immer überall herumliegen, brauchst du so eine tolle Rakete. Damit hat das Suchen ein Ende.

Rakete aus Pappröhren

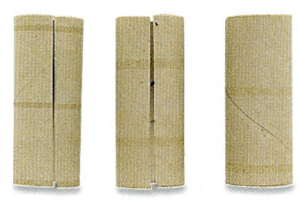

Beginne an einer Ecke und rolle einen Kegel.

Nimm die innere, geschlossene Röhre heraus.

Material

Dünne Pappe

Dicke Pappe

Klebeband

3 kurze Pappröhren

Farbe

Leimmischung

Toilettenpapier

Pinsel

Schere

Marker

1 Schneide zwei Röhren der Länge nach auf. Lege eine aufgeschnittene Röhre um die geschlossene Röhre. Überklebe den Schlitz mit einem Stück dünner Pappe.

2 Rolle die zweite aufgeschnittene Röhre zu einem spitzen Kegel. Klebe ihn zusammen und schneide das untere Ende gerade. Befestige ihn auf der anderen Röhre.

Schneide aus Pappresten Dreiecke und klebe sie als Flügel an das Unterteil der Rakete.

3 Setze unten an die Rakete noch dreieckige Pappflügel an. Dann bestreiche die ganze Rakete mit Leimmischung und klebe Stücke von Toilettenpapier darauf. Lass alles über Nacht trocknen.

4 Jetzt wird die Rakete verziert. Zeichne zuerst einige Einzelheiten mit dem Marker vor. Du kannst runde Fenster, Schrauben oder Nieten aufmalen. Dann male die Rakete an und stelle sie zum Trocknen auf die Seite.

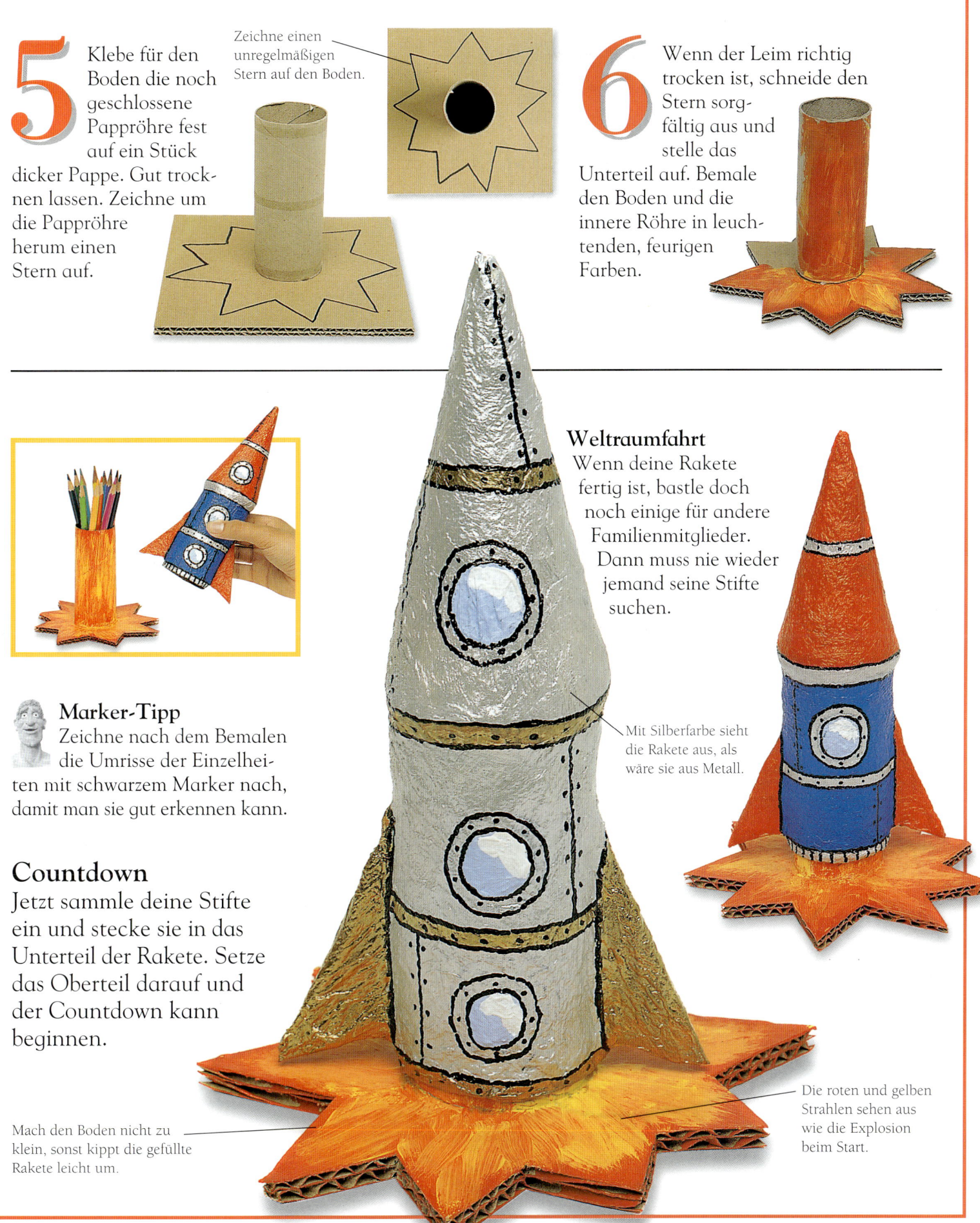

5

Klebe für den Boden die noch geschlossene Pappröhre fest auf ein Stück dicker Pappe. Gut trocknen lassen. Zeichne um die Pappröhre herum einen Stern auf.

Zeichne einen unregelmäßigen Stern auf den Boden.

6

Wenn der Leim richtig trocken ist, schneide den Stern sorgfältig aus und stelle das Unterteil auf. Bemale den Boden und die innere Röhre in leuchtenden, feurigen Farben.

Marker-Tipp
Zeichne nach dem Bemalen die Umrisse der Einzelheiten mit schwarzem Marker nach, damit man sie gut erkennen kann.

Countdown
Jetzt sammle deine Stifte ein und stecke sie in das Unterteil der Rakete. Setze das Oberteil darauf und der Countdown kann beginnen.

Mach den Boden nicht zu klein, sonst kippt die gefüllte Rakete leicht um.

Weltraumfahrt
Wenn deine Rakete fertig ist, bastle doch noch einige für andere Familienmitglieder. Dann muss nie wieder jemand seine Stifte suchen.

Mit Silberfarbe sieht die Rakete aus, als wäre sie aus Metall.

Die roten und gelben Strahlen sehen aus wie die Explosion beim Start.

BÜCHERGESELLE

W enn die Bücher in deinem Regal immer umkippen, brauchst du einen kräftigen Kerl, der sie festhält.

Buchstütze aus Zuckertüte

 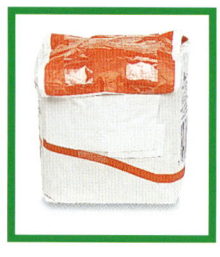

Die Beine müssen kurz und dick sein, damit die Figur nicht umkippt.

1 Nimm eine leere Zucker- oder Mehltüte und fülle sie mit Kies oder kleinen Steinchen, um sie zu beschweren. Klebe die Tüte oben fest zu.

2 Rolle Würste aus Zeitungspapier und forme daraus zwei Beine mit Füßen unten dran. Klebe sie unten an die Tüte.

Forme die Nase aus einer kleinen Kugel Toilettenpapier.

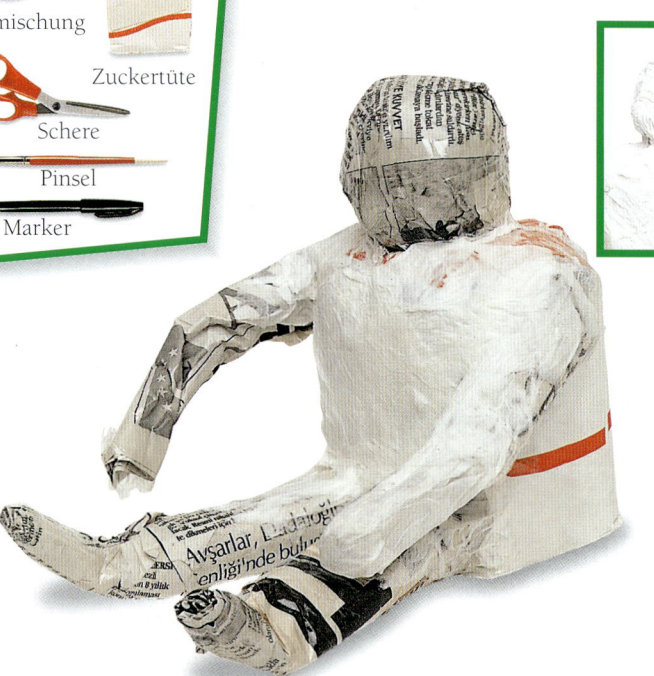 

5 Umwickle die Figur mit Streifen aus Toilettenpapier und streiche Leimmischung darüber. Die Figur muss mit zwei Schichten Toilettenpapier und Leim bedeckt werden. Über Nacht trocknen lassen.

6 Die trockene Figur kann jetzt bemalt werden. Zeichne zuerst mit einem Marker Gesicht, Haare und die groben Umrisse der Kleidungsstücke auf.

Knicke die Arme in der Mitte und am Ende, um Ellbogen und Hände anzudeuten.

Die Beine sind nach vorne ausgestreckt.

Der Kopf soll so groß wie deine Faust sein.

3 Forme auch den restlichen Körper aus Zeitungspapier. Für die Arme brauchst du zwei längliche Würste, die an beide Seiten der Tüte geklebt werden.

4 Forme eine Kugel aus Zeitungspapier und halte sie mit Klebeband zusammen. Dann klebe sie als Kopf oben auf den Körper.

Mit einem feinen Marker kannst du die Einzelheiten des Gesichts aufmalen.

Damit die Haare echter aussehen, zeichne schwarze Linien hinein.

7 Dann bemale die Figur in leuchtenden Farben. Du musst auch den Rücken und den Hinterkopf anmalen. Nimm für Gesicht und Hände Hautfarbe und male Schuhe an die Füße.

8 Lass die Farbe über Nacht trocknen. Dann zeichne die Einzelheiten nochmal mit schwarzem Marker nach. Wenn alles fertig ist, überziehe die Figur mit einer Schicht Bastelleim.

REGALKOLLEGEN

Du kannst dein Regal mit den verschiedensten Figuren bevölkern. Wie wäre es mit einem Football-Spieler oder einer Ballerina?

Hans Bücherwurm

Jetzt ist deine Buchstütze fertig und du musst nur einen Platz finden, wo sie sitzen soll. Sie ist auf jeden Fall eine tolle Dekoration für das Zimmer.

Schwergewichte

Diese Figuren sind nicht nur als Buchstützen praktisch. Man kann sie auch als Briefbeschwerer oder Türstopper benutzen.

Doppelt hält besser

Stütze mit den Büchergesellen die Bücher im Regal ab. Und wenn du viele Bücher hast, kannst du auf jedes Bord andere Figuren setzen.

Diese Figur hat ein Comic-Gesicht mit runden Augen und Knopfnase.

Diese Figur hat Turnschuhe an. Vergiss nicht, das Profil der Schuhsohlen zu zeichnen.

Football-Spieler

Mit kleinen Extras sehen die Figuren noch echter aus. Dieser Football-Spieler mit den gepolsterten Schultern, dem Helm und dem Football unterm Arm ist bereit für seinen nächsten Einsatz.

Falte für die Schulterpolster kleine Rechtecke aus Zeitungspapier.

Schulterpolster und Football müssen befestigt werden, bevor Leim und Toiletten-papier aufgeklebt werden.

Prima Ballerina

Diese Ballerina hat ein Röckchen aus Krepp-papier an. Die Haare bestehen aus gelber Wolle, die mit Leim aufgeklebt ist.

Die Arme können ganz unterschied-liche Haltungen einnehmen.

Die Ballerina hat über-kreuzte Beine. Es sieht aus, als ob sie gerade eine Pirouette tanzt. Die Ballett-schuhe sind aufgemalt.

TIPPS & TRICKS

Auf dieser Seite findest du viele clevere Tricks und praktische Tipps, die dir beim Basteln und Malen helfen können.

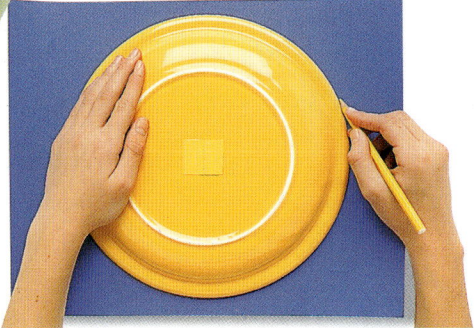

Zeichnen auf dunkler Pappe
Wenn du auf dunkler Pappe zeichnest, nimm einen hellen Buntstift. Du kannst deine Striche dann besser sehen.

Pappmaschee-Formen lösen
Pappmaschee-Formen lassen sich leichter lösen, wenn du sie mit Klarsichtfolie unterlegst.

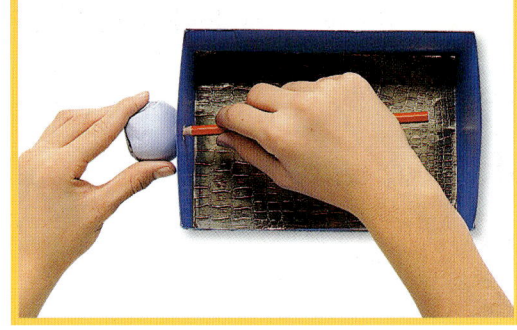

Pappe lochen
Lege etwas Knetmasse unter die Pappe. Drücke einen spitzen Bleistift durch die Pappe, sodass er in die Knetmasse sticht. So bekommst du ein sauberes Loch.

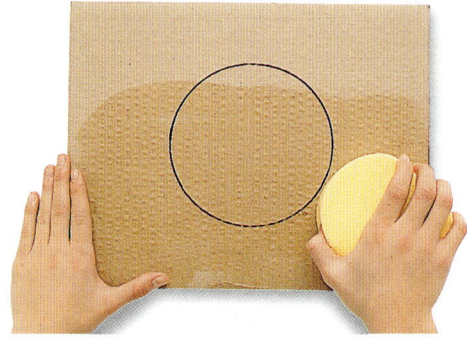

Pappe schneiden
Dicke Pappe lässt sich besser schneiden, wenn du sie zuerst mit Wasser leicht anfeuchtest.

Ballonpumpe
Mit einer Ballonpumpe lassen sich Luftballons leicht aufblasen. Da kommst du nicht so schnell außer Atem.

Umrisse malen
Zeichne die Umrisse von Einzelheiten auf Modellen mit schwarzem Marker nach. So fallen sie stärker auf.

Bastelleim

Bastel-
leim

Plaka-
farbe

Acrylfarbe selbst machen
Wasserfeste Farbe erhältst
du, wenn du Plakafarbe mit
Bastelleim mischst.

Malen mit Leim
Eine Schicht Leim bringt
deine Modelle auf Hoch-
glanz. Beim Aufpinseln sieht
der Leim noch weiß aus,
aber wenn er trocken ist,
wird er klar und glänzend.

Mal-Tipps

Rot

Orange

Gelb

Farben mischen
Wenn du verschiedene
Farben mischst, entstehen
neue Farben.

Farbe auftragen
Trage Farbe zur Abwechslung einmal mit
Papier oder einem Lappen auf – das sieht
toll aus.

Rahmen aufhängen

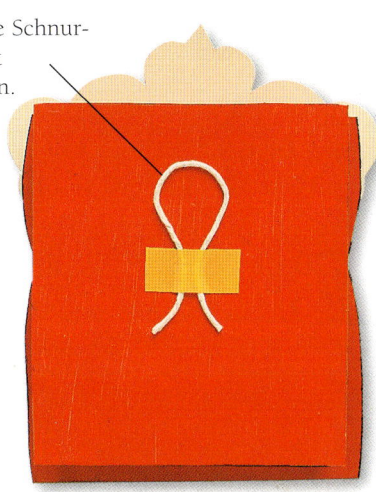

Befestige die Schnur-
schlaufe mit
Klebestreifen.

Klebe den
Aufhänger
oben an die
Rückseite
des Rah-
mens.

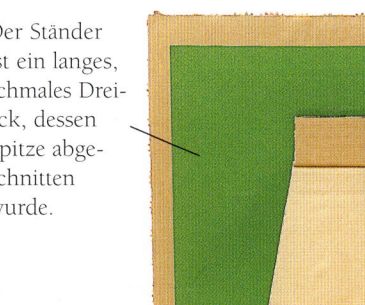

Der Ständer
ist ein langes,
schmales Drei-
eck, dessen
Spitze abge-
schnitten
wurde.

Schwere Rahmen aufhängen
Zieh Klebeband durch einen Metall-
ring, klebe es zusammen und
befestige es dann am Rahmen.

Leichte Rahmen aufhängen
Für leichte Rahmen kannst du
eine Schnurschlaufe mit Klebestreifen befestigen.

Stehender Rahmen
Knicke das obere Ende eines
Pappstreifens um und klebe es
an die Rückseite des Rahmens.

REGISTER

Abfall 4-5, 48, 51
Abfalleimer 48-51
Acrylfarbe 39, 44, 47, 63
Aquarium 38-39
Armreifen 44-45

Ballerina 60, 61
Ballon 8, 18, 24-27, 62
Ballonpumpe 8, 18, 24, 62
Bastelleim 4, 9, 19, 20, 21, 35, 44,
    47, 53, 59, 63
Blume 28-29
Briefbeschwerer 60
Brosche 45
Buchstütze 58-61
Bügel 6-7
Bühne 27

Dinosaurier 8-9
Dracula 27

Farbeffekte 63
Figur 58-61
Filzstift 24, 31
Fisch 36-39, 45
Flitter 12, 13, 14, 15
Folie 41, 45, 52, 53
Football-Spieler 58, 60-61
Foto 20, 21
Frosch 34-35

Haken 16-17
Halskette 45

Kegel 40, 54
Kette 45
Kleiderbügel 6-7
Knetmasse 25, 62
Krabbe 52-53
Krokodil 54-55
Kühlschrank 30, 31

Magnet 30-31
Märchenschloss 15
Marionette 46-47
Maske 10-11
Meerestiere 23
Mobile 22-23
Monster 6, 29, 46-47, 50-51

Nudeln 20, 21
Nylonschnur 36, 38

Papagei 35
Perlen 45
Pinselhalter 54-55
Plastiktüte 44, 45
Pokal 42-43

Rahmen 20-21, 24-27, 30-31, 63
Rakete 56-57

Raumschiff 27
Riesenstift 40-41

Schablone 10, 11
Schild 52-53
Schlange 16-17, 46
Schloss 13-15
Schmuck 44-45
Schrumpfkopf 24-27
Schüssel 18-19, 32-33
Sparschwein 8
Stifte-Halter 56-57
Styroporbecher 12, 18, 42, 46-47

Totenkopf 53
Turm 12, 14

Wanze 29
Weltraum 23, 27, 57

Dank: Dorling Kindersley dankt: Jacqueline Gooden für Einzelwerke; Anne-Marie Ryan für Lektorassistenz; Maria Beckwith, Hayley Gent, Amy Morris, und Emilia Simpson für Modellbau.